LITERATURWISSEN FÜR SCHÜLER

Wie interpretiert man ein Gedicht?

Von
Hans-Dieter Gelfert

Philipp Reclam jun. Stuttgart

RECLAMS UNIVERSAL-BIBLIOTHEK Nr. 15018
Alle Rechte vorbehalten
© 1990 Philipp Reclam jun. GmbH & Co., Stuttgart
Bibliographisch ergänzte Ausgabe 1994
Gesamtherstellung: Reclam, Ditzingen. Printed in Germany 2007
RECLAM, UNIVERSAL-BIBLIOTHEK und
RECLAMS UNIVERSAL-BIBLIOTHEK sind eingetragene Marken
der Philipp Reclam jun. GmbH & Co., Stuttgart
ISBN 978-3-15-015018-4

www.reclam.de

Inhalt

Vorwort

Das vorliegende Buch – oder, bescheidener, Büchlein – wendet sich an Schüler, Lehrer und Liebhaber der lyrischen Dichtung, um mitzuhelfen, daß aus ersteren letztere werden, wobei denen in der Mitte, den Lehrern, die mühevolle Aufgabe zufällt, dies Ziel in der alltäglichen Praxis des Deutsch- und Fremdsprachenunterrichts zu verwirklichen, was manchem von ihnen als die Quadratur des Kreises erscheinen mag. Der Verfasser ist sich darüber im klaren, daß er seinem Ziel nur näher kommt, wenn es ihm gelingt, sein Schifflein zwischen der Skylla des germanistischen Fachjargons und der Charybde des schöngeistigen Geschwätzes unversehrt hindurchzusteuern. Nichts ist für einen lyrikliebenden Literaturwissenschaftler deprimierender, als mit ansehen zu müssen, wie die Dichtung von einem Dschungel von Sekundärliteratur überwuchert wird, durch den sich der arme Student den Weg mit der Machete bahnen muß und den der literarische Laie vorsichtshalber gar nicht erst zur Kenntnis nimmt. Dies Buch versucht, dem interessierten Leser Lagepläne in die Hand zu geben und ihm Pfade durch besagten Dschungel aufzuzeigen, um ihn so zu einem zwar durchaus ernsthaften, aber dennoch lustvollen Umgang mit Lyrik anzuleiten. Da ein Gedicht zuallererst ein Gegenstand der ästhetischen Wahrnehmung ist, sollte es nicht ausschließlich als Reckstange für intellektuelle Klimmzüge mißbraucht werden. Auch wenn das angemessene Verstehen von Lyrik zweifellos ein beträchtliches Maß an literarischem Sachwissen und längere Übung in der methodischen Textanalyse erfordert, wird dieser Aufwand doch nur dann lohnen, wenn sich am Ende ein ästhetisches Lusterlebnis einstellt. Darum schließt unser Buch mit einem Kapitel »Über den Grund des Vergnügens beim Lesen eines Gedichts«, wobei die Anlehnung an Schillers bekannten Aufsatz »Über den Grund des Vergnügens an tragischen Gegenständen« nicht zufällig erfolgt; denn Schiller war es, der Lust und Spiel in den Mittelpunkt seiner Kunsttheorie gestellt hatte.

Allgemeiner Teil

Wozu überhaupt Interpretation?

Fragt man Studenten der Literaturwissenschaft, bei denen man doch wohl am ehesten ein überdurchschnittliches Interesse an Literatur vermuten darf, nach ihrer Einstellung zur Lyrik, so wird man mit Betrübnis feststellen, daß diese bei den meisten die am wenigsten geliebte der drei klassischen Gattungen ist. Noch betrüblicher, geradezu niederschmetternd ist es zu hören, daß ihnen Gedichte durch das Interpretieren im Deutschunterricht restlos verleidet worden seien. Gewiß gibt es auch solche, denen der Zugang dadurch erst richtig eröffnet wurde, doch ist die abschreckende Wirkung bei Schülern so weit verbreitet und scheint so lange Zeit anzuhalten, daß sich schon mancher Deutschlehrer gefragt haben mag, ob es dann nicht besser wäre, auf die Behandlung von Lyrik ganz zu verzichten. Eine so radikale Konsequenz würde freilich bedeuten, daß dann auch bei denen, die durch den Unterricht zum Lesen von Gedichten motiviert werden, das Interesse ungeweckt bliebe, so daß die ohnehin sehr kleine Insel der Lyrikleser bald ganz aus der kulturellen Landschaft verschwände. Dies wäre für die literarische Kultur einer Gesellschaft ein unersetzlicher Verlust; denn erst an der Lyrik erweist sich, ob Literatur für den Leser überhaupt noch den Status des Kunstwerks hat. Romane werden von den meisten nur als Lesefutter konsumiert, Theateraufführungen dienen der Unterhaltung, bestenfalls der Auseinandersetzung mit aktuellen Zeitproblemen. Der Kunstcharakter dieser Werke wird dabei vom Konsumenten oft gar nicht wahrgenommen. Nur in der Lyrik steht das Artefizielle so im Vordergrund, daß man sie gar nicht anders lesen kann als eben als Kunst. Ein Student der Germanistik, der vorgibt, sich für Literatur zu interessieren, aber bekennt, daß er für Lyrik keinen Nerv habe, ist wie ein Farbenblinder, der Malerei studiert. Gewiß ist niemand, der Gedichte langweilig findet, darum schon ein schlechterer oder weniger gebildeter Mensch. Aber eine Literatur, in der die Lyrik keinen zentralen Platz hat, wird sich fragen lassen müssen, ob sie dann überhaupt noch eine künstlerische und nicht nur eine kritische Widerspiegelung menschlichen Lebens wäre. Ein Verschwinden der Lyrik aus dem Deutschunterricht würde für die allgemeine Lesekultur bedeuten, daß die auch so schon schwach genug entwickelte ästhetische Sensibilität noch stärker verkümmert. Ehe man also durch einen gänzlichen Verzicht auf die Lyrikinterpretation das Kind mit dem Bade ausschüttet, sollte man lieber versuchen, das Bad für das Kind etwas lustvoller zu gestalten.

Damit sind wir am entscheidenden Punkt des Problems; denn die Ursache für die so oft eintretende kontraproduktive Wirkung der Interpretation liegt sicher nicht in der Inkompetenz der Lehrer, sondern in der Sache selbst. Gedichte wurden und werden geschrieben, um im Leser eine affektive Reaktion, ein ästhetisches Lusterlebnis, auszulösen; die landläufigen Interpretationsverfahren hingegen versuchen, den auslösenden Gegenstand auf kognitive Weise zu erfassen. Diese extreme Kognitivierung des Interpretationsbegriffs ist eine Eigentümlichkeit der Literaturwissenschaft, die es in den anderen beiden Künsten nicht gibt. In der Musik wird die Interpretation einer Beethoven-Sonate nicht von einem Wissenschaftler auf bedrucktem Papier, sondern von einem Pianisten am Klavier geleistet. In der bildenden Kunst ist der Kunsthistoriker, der eine kritische Bildbetrachtung vornimmt, zwar nicht ganz so nah am kreativen Schöpfungsakt wie der Musiker, aber auch seine kognitive Analyse des betrachteten Werks, für die der Begriff Interpretation im allgemeinen bewußt vermieden wird, ist nicht wie beim Literaturwissenschaftler auf bloßes Verstehen, sondern der Intention nach auf die Begründung eines Geschmacksurteils gerichtet. Er bleibt also wie der Musiker in der ästhetischen Sphäre, dem ureigensten Reich der Kunst. Nur die Literaturwissenschaft bewegt sich nahezu ausschließlich in der kognitiven Welt der Wissenschaft. Dieser Unterschied zeigt sich besonders deutlich in den jeweiligen Ausbildungsgängen der den drei Künsten zugeordneten Lehrberufe. Während Musiklehrer und Kunsterzieher die praktische Ausübung ihrer Kunst lernen, sind Deutschlehrer wissenschaftliche Germanisten, die während ihres Studiums nicht einmal lernen, wie man ein Gedicht vorträgt, geschweige denn, wie man eines macht.

Der ausschließlich kognitive Umgang mit Literatur hat in der Germanistik und den anderen Philologien dazu geführt, daß man – im mißverstandenen Sinn des Goetheworts von »der Dichtung Schleier aus der Hand der Wahrheit« – immer zuerst die verschleierte Wahrheit zu enthüllen sucht, statt die vollendete Machart des Schleiers genießend zu würdigen, durch den die Wahrheit ins Reich der Kunst überführt wurde. Selbst da, wo Literaturwissenschaftler die ästhetische Gestalt des Gedichts analysieren, tun sie es meist so, als handle es sich dabei um etwas Organisches, gleichsam Naturwüchsiges, das nur die sinnliche Außenseite jener Wahrheit ist. In Wirklichkeit aber ist ein Gedicht ein Gebilde von kalkulierter Künstlichkeit, und zwar auch dann noch, wenn es dem Dichter dank seiner Begabung in spontaner Intuition eingefallen ist. Statt Schüler dazu zu bewegen, sich in ein Gedicht mit Andacht zu versenken und seiner geheimnisvollen Offenbarung zu lauschen, sollte man ihren Blick viel eher auf die – meist sehr raffinierte – Machart des Textes lenken. Die Frage, die am Anfang jeder Interpretation stehen sollte, ist eine, die heute oft – in anderem Zusammenhang – mit einer englischen Redewendung ausgedrückt wird: What makes it tick? Was ist der Nerv, der bestimmte Gedichte über Jahrhunderte hinweg am Leben erhalten hat, während unzählige andere vollkommen vergessen sind? Was macht ihren Reiz, ihre besondere Finesse aus? Will man diese Frage beantworten, muß man versuchen, sich in den Dichter als Macher des Gedichts zu versetzen. Poiesis heißt im Griechischen »Machen«, »Verfertigen«. Wer die Qualität eines Stuhls beurteilen will, prüft nach, wie er gemacht ist. Ist der Prüfer mit Material und Verarbeitung zufrieden, wird er ihn sich vielleicht käuflich aneignen. Mit dem gleichen kritischen Blick sollte man an ein Gedicht herangehen. Auch hier sollte man fragen, ob es aus dauerhaftem Material gemacht, dicht gefugt und restlos durchgearbeitet ist. Fällt die Antwort positiv aus und findet man dann noch, daß es etwas vermittelt, das man auf diese ganz bestimmte Weise noch nicht erfahren hat, so wird man es sich aneignen und ihm in seinem geistigen Inventar einen Platz neben den vielen anderen dauerhaften Kunsterlebnissen einräumen, die man im Laufe seines Lebens hatte und denen die Kultur ihr Überleben verdankt. Wer freilich in einem Gedicht immer zuerst nach der tieferen Wahrheit schürft, der wird die hier befürwortete Haltung als eine bloß kulinarische abtun. Der Vorwurf wäre berechtigt, wenn der Leser sich das Gedicht nur wie eine Speise auf der Zunge zergehen ließe. Wenn er dabei aber mit Sachverstand bewundernd die Leistung des Kochs anerkennt, ist sein Urteil zweifellos angemessener als das des Lebensmittelchemikers, der die Bestandteile des Gerichts analysiert.

Wenn Literaturwissenschaftler ein Gedicht interpretieren, dann übersetzen sie dessen affektiv wirksame Formensprache in eine kognitiv verstehbare Sprache. Das Ergebnis ist dann die Interpretation des Gedichts. Ein solcher verdinglichter Interpretationsbegriff verstellt aber eher den Blick für das Gedicht, als daß er ihn eröffnet. Will man das Gedicht in seiner ästhetischen Gestalt erfassen, muß man Interpretation verbal verstehen: sie ist ein Tun, nicht das Getane, sie ist das Übersetzen, nicht die Übersetzung. Insofern ist bereits das verständige, um Aneignung bemühte Lesen Interpretation; und der geschulte Sprecher, der die Lautgestalt des Gedichts zu voller Wirkung bringt, interpretiert es angemessener als der Literaturwissenschaftler, der diese Lautgestalt beschreibend analysiert. Dennoch ist dessen Analyse nicht wertlos; denn wenn es ihm gelingt, die subtile Machart des Gedichts freizulegen und in den dabei verwendeten Kunstgriffen das Wirken einer vielfältigen Tradition aufzuzeigen, wird der

Sprecher wie der Hörer plötzlich im Klang der Verse Akkorde hören, die dem einen wie dem andern ohne die Hilfestellung des Literaturwissenschaftlers verborgen geblieben wären. Hier erweist sich seine Daseinsberechtigung, indem er die Voraussetzungen dafür schafft, daß der Leser die Interpretationshandlung des verstehenden Lesens vornehmen kann. Allerdings wird er dieser Aufgabe nur dann gerecht, wenn er durch Bereitstellung seines Fachwissens den Zugang zum Gedicht wirklich ebnet und ihn nicht, wie dies leider allzuoft der Fall ist, mit einem Wust von Sekundärliteratur zuschüttet. Literaturwissenschaft ist, wie die Medizin, keine reine, nur um Erkenntnis bemühte Wissenschaft, sondern eine angewandte, und zwar eine didaktische. Ihre wesentliche Aufgabe besteht darin, dem Leser einen stetig wachsenden Bereich der Literatur so vollständig als möglich zu erschließen und für die Literatur ihrerseits eine stetig wachsende Leserschaft zu gewinnen.

Damit ist der Interpretation eine Richtung vorgezeichnet. Aber noch immer ist die Frage offen, weshalb man überhaupt interpretieren soll. Schüler haben oft eine instinktive Abneigung gegen das Reden über Gedichte. Sie empfinden es als ein Breittreten und Zerschwatzen von etwas, das man viel besser ohne Worte auf sich wirken lassen sollte. Deshalb weigern sich manche, ihre Lieblingsgedichte mit einer Interpretation zu besudeln. Nun ist sicher richtig, daß das Wesen eines Gedichts, seine spezifisch ästhetische Individualität, unaussprechlich ist. *Individuum est ineffabile*, lautet ein alter philosophischer Grundsatz: das Individuelle ist unaussprechlich. Es ist, da mit nichts anderem vergleichbar, auf keinen Begriff zu bringen. Man kann nur mit dem Finger darauf zeigen. Auch in der bildenden Kunst und der Musik ist das, was die Werke eines Leonardo oder Mozart so großartig macht, unaussprechlich. Aber soll man deshalb darüber schweigen? Der Mensch ist seinem Wesen nach rational, d. h., er nimmt die Welt nicht in einem blinden Reiz-Reaktions-Schema wahr, sondern in Begriffen, er will sie begreifen; und er begreift sie, indem er sie versprachlicht.

Alles, worüber Menschen reden, hört damit auf, bloß subjektiv zu sein. Sprache ist intersubjektiv, sie ist Kommunikation zwischen einzelnen Subjekten. So ist auch das Reden über Gedichte nicht nur erlaubt, sondern notwendig, weil dies die spezifisch menschliche Form der Aneignung ist. Es liegt die Wahrheit einer uralten Menschheitserfahrung darin, wenn in der Bibel das Essen vom Baum der Erkenntnis und das Erkennen im Geschlechtsakt mit einem Verlust der Unschuld gleichgesetzt wird. Auch das erkennende Versprachlichen eines intensiven ästhetischen Erlebnisses nimmt diesem etwas von seinem Glanz und seiner Unschuld. Doch dieser Verlust an undifferenzierter Spontaneität wird mehr als aufgewogen durch den Gewinn an differenzierter Wahrnehmung. Differenzierung macht aus Intensität nuancenreiche Fülle. Das jederzeit wiederholbare und immer weiter vertiefbare Durchschauen der Kunstfertigkeit eines Gedichts verschafft auf die Dauer mehr intellektuelles Vergnügen als spontan überwältigende Ersterlebnisse, die mit der Zeit verblassen. Die nachfolgenden Kapitel wollen versuchen, den Weg zu diesem Vergnügen ein wenig zu ebnen und, wo es nottut, freizuschaufeln.

Was ist ein Gedicht?

Ein Gedicht, was immer es sonst noch sein mag, ist zuerst und vor allem Ausdruck eines Bewußtseinsinhalts in formalisierter Sprache. Dies klingt wie eine Definition aus dem Lexikon und mag auch getrost als solche genommen werden; denn der Satz enthält das, was nach Aristoteles jede Definition enthalten sollte: das *genus proximum*, also die nächsthöhere Klasse, der das zu Definierende angehört, und die *differentia specifica*, das gewisse Etwas, wodurch es sich als Teilmenge vom Rest der Klasse unterscheidet.
Als »Ausdruck von Bewußtseinsinhalten in Sprache« gehört das Gedicht zur Gesamtklasse sprachlicher Äußerungen. Es

gehört, wie man heute sagt, zur Klasse der Texte. Aus dem schier unübersehbaren Meer der Texte ragt es aber als kleine, scharf abgegrenzte Insel heraus; denn während die übrigen Texte – z. B. Zeitungsartikel, Sachbücher, Kochrezepte – ohne Informationseinbuße umformuliert werden können, liegt das Gedicht in einer unveränderlichen, festen, gleichsam kristallinen Gestalt vor.

> Schöpft des Dichters reine Hand,
> Wasser wird sich ballen,

heißt es bei Goethe, und damit ist genau das beschrieben, was das Gedicht von allen anderen Texten unterscheidet. Wenn nun diese feste Form als die *differentia specifica*, als das Wesen des Gedichts oder zumindest als sein wesentliches Merkmal angesehen werden muß, so wird man, um Dichtung zu verstehen, zuallererst untersuchen müssen, wie und wodurch solch dauerhafte Formalisierung zustande kommt. Ein kleines Gedankenspiel soll uns helfen zu verstehen, was Formalisierung bewirkt. Gegeben sei die Zahlenfolge

$$2 \quad 19 \quad 28 \quad 32 \quad 34 \quad 37 \quad 44$$

Auf den ersten Blick scheint es sich um Lottozahlen zu handeln. Wäre dies so, dann hätten wir es mit dem genauen Gegenteil von Formalisierung zu tun, da ja im Zahlenlotto für jede Zahl die gleiche Wahrscheinlichkeit besteht, mithin die ausgeloste Zahlenfolge das Zufälligste und Ungeordnetste ist, das sich überhaupt denken läßt. Falls es sich aber nicht um Lottozahlen, sondern um einen Ausschnitt aus einer geordneten Zahlenfolge handelt, müßten wir versuchen, die verdeckte Ordnung freizulegen. Wir probieren es mit der Bildung von Differenzenfolgen.

$$
\begin{array}{ccccccccccccc}
2 & & 19 & & 28 & & 32 & & 34 & & 37 & & 44 \\
& 17 & & 9 & & 4 & & 2 & & 3 & & 7 & \\
& & -8 & & -5 & & -2 & & +1 & & +4 & & \\
& & & 3 & & 3 & & 3 & & 3 & &
\end{array}
$$

Während die erste Differenzenfolge noch ebenso ungeordnet erscheint wie die ursprüngliche Zahlenfolge, läßt die zweite bereits eine klare Ordnung erkennen, und die dritte ist konstant. Wir haben es also mit einer wohlgeordneten Zahlenfolge zu tun, die der Mathematiker als arithmetische Folge dritter Ordnung bezeichnen würde und die er leicht in eine handliche Formel fassen könnte. Sind z. B. von dieser Folge drei aufeinanderfolgende Elemente n_1, n_2, n_3 gegeben, so könnte man das nächstfolgende Element n_4 durch eine einfache Formel berechnen:

$$n_4 = 3(n_3 - n_2) + n_1 + 3$$

Was hat man dadurch gewonnen? Zweierlei: erstens eine schlagartige Vereinfachung, die es gestattet, eine unendliche Zahlenfolge durch eine knappe Formel zu ersetzen, und zweitens einen ebenso schlagartig eintretenden Machtgewinn, der uns erlaubt, über die zunächst ganz chaotisch erscheinende Zahlenfolge zu verfügen. Der Mathematiker könnte z. B. die Folge in eine arithmetische Reihe verwandeln, indem er die Zahlen addiert. Dann ließe sich durch eine einfache Formel die Summe zwischen zwei beliebig gewählten Gliedern der Reihe ermitteln. *Scientia est potentia*, Wissen ist Macht, sagte Francis Bacon, und genau diese Macht haben wir durch unser Beispiel illustriert.

Was hat nun dies alles mit Dichtung zu tun? Läßt man die frühesten Epochen der europäischen Literaturen Revue passieren, wird man auf zwei Klassen formalisierter Texte stoßen, die als das älteste poetische Urgestein in die geschichtliche Überlieferung hineinragen: Merkverse und Zaubersprüche. Von beiden Textklassen sind zwar nur wenige Beispiele erhalten geblieben, doch kann es gar keinen Zweifel geben, daß dies die Reste einer immensen Fülle sind. In Zeiten, als es noch keine schriftliche Überlieferung gab, mußte das gesamte Wissen eines Stammes, vor allem seine Geschichte und insbesondere die Genealogie des Fürstenhauses mündlich überliefert werden. Damit dies in unverstümmelter Form geschehen konnte, mußten so stark formalisierte Texte geschaffen werden, daß jede Abweichung von der ursprünglichen Form sofort als Fehler erkennbar war. Vor allem aber ermöglichte die strenge Form überhaupt erst das Memorieren der Texte, was bei der Fülle des zu Überliefernden von großer Wichtigkeit war. Noch heute findet man solche Merkverse in lateinischen Grammatiken und anderen Lehrbüchern, um Schülern das Behalten bestimmter Regeln und Fakten zu erleichtern.

Auch von der anderen Textklasse, den Zaubersprüchen, ist nur ein winziger Teil erhalten geblieben, z. B. in den bekannten Merseburger Zaubersprüchen. Da es sich um heidnisches Kulturgut handelte, wurden sie von den christlichen Mönchen, die als einzige solche Verse hätten aufschreiben können, entweder bewußt unterdrückt oder zumindest des Aufschreibens nicht für wert befunden. Während im Merkvers das Moment der Vereinfachung wirksam ist, schöpft der Zauberspruch seine Wirkung aus der bannenden Kraft, die die Menschen seit je in formalisierten sprachlichen Äußerungen gefühlt haben. Das Magische solcher Formeln ist heute nur noch als schwacher Abglanz in volkstümlichen Sprüchen erkennbar wie dem bekannten »Heile, heile Gänschen ...« Die »bannende Kraft« aber wird von Reklamesprüchen weidlich ausgenutzt.

Dichtung und Werbung haben manches miteinander gemein. Beide appellieren nicht kognitiv, sondern ästhetisch und damit affektiv an den Adressaten. Beide gehen von dem Prinzip aus, daß das Produkt, wie gut es auch sein mag, ohne eine entsprechend gute Verpackung keinen Marktwert hat. Dem Verhältnis von Produkt und Verpackung entspricht in der Dichtung das Verhältnis von Inhalt und Form. Diese beiden lange Zeit geläufigen Begriffe werden inzwischen nicht mehr gern verwendet, da sie zu implizieren scheinen, daß man die Form, also die Verpackung, vom Inhalt trennen und womöglich durch eine andere ersetzen kann. Mit dem Aufkommen der methodischen Werkinterpretation begann man deshalb, von Gehalt und Gestalt zu sprechen, womit deren untrennbare Einheit zum Ausdruck gebracht werden sollte, da eine Gestalt immer nur an einem Gestalteten ablesbar ist und umgekehrt ein Gehalt immer nur in einer bestimmten Gestalt vorliegen kann. Inzwischen sind auch diese Begriffe z. T. schon wieder aus dem Verkehr, und man spricht jetzt oft nur noch von Text, den man als ein System von Zeichen definiert, die etwas bezeichnen, wodurch ebenfalls die Einheit von Form und Inhalt bzw. von Zeichen und Bezeichnetem ausgedrückt wird. Nun wird jeder zugestehen, daß schon die geringfügigste Veränderung der Form eines Gedichts Auswirkungen auf dessen inhaltliche Substanz hat und diese um eine Nuance verändert. Dennoch lassen sich Form und Inhalt an einem Gedicht getrennt beobachten und beschreiben. Sie lassen sich sogar, wenn auch nur mit beträchtlichen Einbußen, voneinander trennen. Dies geschieht z. B. bei der Übersetzung des Gedichts in eine andere Sprache. An dieser Stelle muß der Einwand kommen, daß Gedichte unübersetzbar seien; und dem wird jeder zustimmen. Dennoch werden seit Jahrhunderten immer wieder Gedichte übersetzt. Offenbar sind sie nicht schlechthin und prinzipiell unübersetzbar, sondern nur nicht so übersetzbar, daß die Übersetzung mit dem Original in allen wesentlichen Aspekten übereinstimmt. Die Behauptung von der Untrennbarkeit von Form und Inhalt wird man darum ein wenig einschränken müssen. Die Form eines Gedichts ist ein rein ästhetisches Phänomen, der Inhalt dagegen hat eine kognitive und eine ästhetische Dimension. Die kognitive Substanz ist so übersetzbar wie die jeder anderen sprachlichen Äußerung, zwar mit gewissen Einbußen, die unvermeidlich sind, die aber doch als quantité négligeable angesehen werden dürfen. Die ästhetische Form läßt sich so nachbilden, daß sie mit der des Originals zwar nicht identisch ist, aber ihr in glücklichen Fällen in der Wirkung doch sehr nahe kommt. Am größten ist der Verlust beim Zusammenpassen von Form und Inhalt. Nicht einmal in den seltenen Glücksfällen, in denen die Übersetzung ein ästhetisch genauso befriedigendes Gedicht darstellt wie das Original, wird die übersetzte Substanz sich in ihrem neuen formalen Kleid so frei und anmutig bewegen, wie sie dies in ihrer ursprünglichen Sprachhaut tut. Form und Inhalt ergeben also nur in ihrer originalen Abstimmung aufeinander ein Höchstmaß an dichterischer Vollkommenheit, aber trennbar sind sie durchaus, sowohl zum Zwecke der getrennten Analyse als auch – mit den genannten Einbußen – bei der Übersetzung. Deshalb wollen wir nun im folgenden erst einmal die Grundprinzipien der Formalisierung eines Gedichts betrachten.

Prinzipien sprachlicher Formalisierung

Wie schon das Beispiel unserer Zahlenreihe gezeigt hat, ist ein Text – oder irgendein System von Elementen – dann formalisiert, wenn wir mit einer größeren als der bloßen Zufallswahrscheinlichkeit vorausahnen können, was als nächstes folgt. Das aber können wir nur, wenn sich etwas wiederholt, das vorher schon dagewesen ist. Alle sprachlichen Formalisierungstechniken beruhen auf diesem Prinzip. Der Reim ist zweifellos das augenfälligste Beispiel dafür, aber er ist nur eines unter vielen. Shipleys englischsprachiges Sachwörterbuch *Dictionary of World Literature* zählt unter dem Stichwort *repetition* über vierzig griechische Begriffe auf, die alle eine jeweils besondere, auf Wiederholung beruhende Figur bezeichnen:

- Wenn zwei Sätze (oder Verszeilen) mit dem gleichen Wort beginnen, spricht man von *Anapher*;
- wenn sie mit dem gleichen Wort enden, von *Epipher*.
- Wiederholt sich das Wort unmittelbar, nennt man dies *Epanalepse*.
- Endet ein Satz (oder Vers) mit dem Anfangswort, so ist es ein *Kyklos*.

Die Liste dieser Zungenbrecher könnte man noch um rund vierzig weitere verlängern. Damit dürfte hinreichend deutlich sein, wie fundamental das Prinzip der Wiederholung für die sprachliche Formalisierung ist. Dabei beschränkt es sich keineswegs auf bloße Wortwiederholungen. Auch die Wiederholung von Versfüßen, gleichen Lauten, rhythmischen Abfolgen und syntaktischen Anordnungen (z. B. Parallelismus) gehört hierher. Bei Gedichten wiederholt sich oft eine Strophenform oder ein Refrain. Selbst moderne Dichter, die auf alle traditionellen Formen verzichten, brechen ihre Texte gewöhnlich so in Zeilen, daß sich eine charakteristische Form der Kurzzeile ständig wiederholt. Wäre nun aber Wiederholung das einzige Prinzip sprachlicher Formalisierung, dann wäre die Zeile

das Haus, das Haus, das Haus, das Haus, das Haus

bereits ein Gedicht oder zumindest im weitesten Sinne poetisch. Sie ist aber nach allgemeiner Erfahrung nicht poetisch, sondern – wie jede bloße Wiederholung – monoton und langweilig. Poetisch wird ein Text dadurch, daß er die Monotonie der Wiederholung aufbricht, indem er die Elemente nicht identisch wiederholt, sondern in größtmöglicher Vielfalt variiert. Das Wechselspiel von Wiederholung und Variation ist das allgemeinste Bauprinzip, das der Formalisierung poetischer Texte zugrunde liegt. Auch hierfür ist der *Endreim* das augenfälligste Beispiel; denn er wiederholt eben nicht die ganze Reimsilbe, sondern diese vom reimenden Vokal an, während der Anfangskonsonant variiert wird: S-*onne*, W-*onne*; St-*ein*, P-*ein*. Umgekehrt wiederholt der *Stabreim* den Anfangskonsonanten und variiert statt dessen den Rest der Silbe: *W*interstürme *w*ichen dem *W*onnemond (R. Wagner). Hier noch einige weitere Beispiele:

- Wortwiederholungen können dadurch variiert werden, daß man das Wort in verschiedenen Flexionsformen wiederholt: Laufen, lief, gelaufen. Dies nennt man ein *Polyptoton* (Vielfallfigur).
- Man kann aber auch die Wortwurzel in verschiedenen Wortarten wiederholen: Der Läufer lief den schnellsten Lauf. Hier spricht man von *figura etymologica*.
- Wiederholungen des Satzmusters variiert man, indem man

17

zwei parallel gebaute Sätze gegeneinander kehrt: Die
Kunst ist lang, und kurz ist unser Leben. Dies nennt man
Kreuzstellung oder *Chiasmus*.
– Schließlich bleibt auf der semantischen Ebene noch das
   weite Feld der Metaphorik, die es ermöglicht, eine bestimmte Bedeutung vermittels einer Analogie auf die verschiedensten Bilder zu übertragen und so den Ausdruck
   der intendierten Bedeutung zu variieren.
Formalisierung ist der Aspekt eines Gedichts, der sich auch
dann beobachten läßt, wenn die semantische Dimension
dem Leser verschlossen ist. Am Beispiel eines Gedichts von
Luis de Góngora sei dies verdeutlicht:

> Mientras por competir con tu cabello
> oro bruñido al Sol relumbra en vano,
> mientras con menosprecio en medio el llano
> mira tu blanca frente el lilio bello;
>
> mientras a cada labio, por cogello,
> siguen más ojos que al clavel temprano,
> y mientras triunfa con desdén lozano
> del luciente cristal tu gentil cuello;
>
> goza cuello, cabello, labio y frente,
> antes que lo que fué en tu edad dorada
> oro, lilio, clavel, cristal luciente,
>
> no sólo en plata o víola troncada
> se vuelva, mas tú y ello juntamente
> en tierra, en humo, en polvo, en sombra, en nada.

Wer kein Spanisch versteht, wird mit dem Gedicht wenig
anfangen können. Dennoch wird er auf den ersten Blick
erkennen, daß es sich um ein Gedicht handelt. Es besteht aus
je zwei gleich gebauten Quartetten und Terzetten mit dem
Reimschema abba abba cdc dcd, kann also von jedem, der
diese Form kennt, als Sonett identifiziert werden. Wer

18

außerdem aus dem Latein- oder Französischunterricht weiß, daß auslautende Vokale mit unmittelbar folgenden Vokalen an Wortanfängen zusammengezogen werden, wird auch bereits die Silben der einzelnen Zeilen zählen können und dabei feststellen, daß sich in jeder Zeile ein Elfsilbenschema wiederholt. Desgleichen wiederholen sich eine Reihe von Wörtern, so bereits das erste, das am Anfang der dritten, der fünften und der siebten Zeile wiederkehrt. Im ersten Terzett werden in der ersten und dritten Zeile je vier Wörter wiederholt, die in den vorangegangenen Quartetten erwähnt wurden, und zwar so, daß man annehmen darf, daß sie paarweise zusammengehören.

2 cabello	–	oro
4 frente	–	lilio
3 labio	–	clavel
1 cuello	–	cristal

In der aufgelisteten Reihenfolge treten sie in den Quartetten auf, während die Zahlen angeben, in welcher Abfolge sie im Terzett wiederholt werden. Wieder erkennen wir das Prinzip von Wiederholung und Variation. Schlagen wir nun in einem Wörterbuch nach, so finden wir für die acht Begriffe die folgenden Bedeutungen:

Haar	–	Gold
Stirn	–	Lilie
Lippe	–	Nelke
Nacken	–	Kristall

Wir werden vermuten, daß hier die Schönheit einer Frau gerühmt wird, indem vier körperliche Attribute mit Bildern von erlesener Kostbarkeit verglichen werden. Die Körperattribute werden in ihrer natürlichen Reihenfolge vom Haar abwärts aufgeführt. Auch die vier anderen Bilder lassen so etwas wie ein System erkennen. Zwei Blumen mit den Farbqualitäten Weiß und Rot werden von zwei Bildern aus dem Mineralreich eingerahmt, wobei die eigentümliche Farbe des Goldes erst im darauffallenden Licht durch seinen Glanz entsteht, während der Kristall sich im durchscheinenden Licht als rein und farblos erweist. Alles dies könnte symbolisch bedeutsam sein, aber zunächst einmal gibt es der Bildkonfiguration eine gewisse Ordnung. Versucht man, das Gedicht weiter zu übersetzen, so stößt man auf die Begriffe »plata« (Silber) und »viola troncada« (gepflücktes Veilchen), die zu den vorausgegangenen in einer gewissen Beziehung stehen, da sie die Qualität von Gold bzw. Lilie / Nelke auf einer niedrigeren Wertstufe wiederholen. Versucht man nun den Inhalt des Gedichts mit Hilfe eines Wörterbuchs zu erschließen, so wird man zu folgender Rohübersetzung kommen:

> Während, um mit deinem Haar zu wetteifern,
> das getriebene Gold vergeblich in der Sonne leuchtet,
> während deine weiße Stirn mitten in der Ebene
> mit Geringschätzung auf die schöne Lilie schaut;

> während jeder deiner Lippen, um sie zu erhaschen,
> mehr Augen folgen als der frühen Nelke,
> und während mit kecker Verachtung dein edler
> Nacken
> über den leuchtenden Kristall triumphiert;

> genieße Nacken, Haar, Lippen und Stirn,
> bevor das, was in deiner goldenen Zeit
> Gold, Lilie, Nelke und leuchtender Kristall war,

> sich nicht nur in Silber und gepflücktes Veilchen
> verwandelt, sondern mit dir zusammen
> in Erde, Rauch, Staub, Schatten, Nichts.

Die Aussage dieses syntaktisch sehr elaborierten Gedichts erweist sich als höchst einfach. Es ist eine der typischen barocken Variationen über das *Carpe diem*-Motiv: Alles ist vergänglich, darum genieße den Tag. Die Kunst des Gedichts liegt nicht in seinem formulierten Gehalt, sondern in seiner formalisierten Gestalt. In vier parallel gebauten temporalen Nebensätzen, von denen jeder mit »mientras« beginnt, werden Haar, Stirn, Lippen und Nacken einer angeredeten Frau mit vier Gegenständen von exquisiter Schönheit verglichen, danach wird der Vergleich noch einmal in kunstvoll variierter Form zusammengefaßt, und über die Zwischenstufe einer verminderten Wiederholung des Vergleichs werden sie der Vergänglichkeit überantwortet. Die letzte Zeile ist von besonderer Finesse. Die asyndetische, d. h. nicht durch »und« verbundene Reihung der fünf Begriffe, die den Vorgang der Vernichtung ausdrücken soll, tut dies nicht nur durch ihren harten, unerbittlichen Staccato-Ton, sondern auch durch die Art, wie die Bilder aufeinander folgen. Am Anfang steht etwas Dreidimensionales und Festes, die Erde, dann schwindet mit jedem neuen Bild eine Dimension: In »humo« (Rauch) schwindet die Festigkeit, in »polvo«, dem auf der Erde abgelagerten Staub, die Dimension des Raumes, in »sombra« (Schatten) schwindet das Stoffliche, so daß am Ende nur noch das leere Nichts übrigbleibt. Eine solche semantische Steigerung, bei der eine Bedeutung, in diesem Fall die Nichtigkeit, von Mal zu Mal zunimmt, heißt in der Rhetorik eine *Klimax*. Sieht man allerdings im Vordergrund die Abnahme der Stofflichkeit, so würde man die Figur als *Antiklimax* bezeichnen. Beide Figuren sind gleichermaßen Beispiele für das Prinzip des Zusammenspiels von Wiederholung und Variation.

Wir werden in unserer Schlußbetrachtung noch einmal auf den Aspekt der Formalisierung eingehen und ihn als Quelle der ästhetischen Lust zu deuten versuchen. Eine kurze Vorüberlegung zu dem dort entwickelten Gedankengang sei aber schon hier vorausgeschickt. Wir sagten bereits, daß zuviel Wiederholung im Leser oder – falls es sich um ein Werk in einer der beiden anderen Künste handelt – im Hörer bzw. Betrachter Langeweile hervorruft. Zuviel Variation wiederum bewirkt, daß man das Werk als formlos, unschön und künstlerisch unbefriedigend empfindet. Der geheimnisvolle Punkt ästhetischer Vollkommenheit scheint irgendwo zwischen den beiden Polen des einheitstiftenden Prinzips der Wiederholung auf der einen Seite und des die Wahrnehmung immer neu stimulierenden Prinzips der Variation auf der anderen Seite zu liegen, wobei dieser Punkt in klassisch orientierten Stilepochen wie der Antike, der Renaissance oder dem Klassizismus mehr zur Einheit hin tendierte, während er in Epochen wie der Gotik, dem Barock oder der Romantik näher am Prinzip der Variation gesehen wurde.

Ausdrucksmittel

Nun mag ein Text noch so variationsreich formalisiert sein, ein gutes Gedicht ist er darum noch längst nicht; denn dieses, so definierten wir eingangs, ist »*Ausdruck* eines Bewußtseinsinhalts in formalisierter Sprache«.

Formalisierung ist nur das handwerkliche Grundgewebe, ohne das der Dichter seinen kunstvollen Sprachteppich nicht knüpfen kann. Das eigentlich Dichterische aber sind die Ausdrucksmittel, durch die – um im Bilde zu bleiben – der Teppich erst gestalterische Kontur, bildhafte Fülle, Beziehungsreichtum der Motive und gedankliche Tiefe erhält. Dabei lassen sich verschiedene Wirkungsebenen unterscheiden. Jedes gesprochene Wort ist zunächst einmal eine Sequenz von Lauten und hat als solche bereits einen sinnlichen und damit ästhetischen Reiz. Sprachlicher Wohlklang, aber auch harte Fügungen und Dissonanzen können als dichterische Ausdrucksmittel wirkungsvoll eingesetzt werden. Wörter sind aber nicht nur Laute, sondern vor allem Zeichen, die für Bedeutungen stehen. Dies ist die semantische Dimension der Sprache. Das Wort »Baum« bezeichnet etwas, das in allen Bäumen identisch ist, also den Begriff »Baum«. Dennoch denken wir, wenn wir das Wort hören, nicht an diesen abstrakten Begriff. Viel eher werden wir uns einen Baum vorstellen, keinen bestimmten, aber auch nicht irgendeinen beliebigen. Wie die Vorstellung im einzelnen aussieht, wird bei jedem Hörer verschieden sein, aber immer wird sie konkret und bildhaft sein: ein mächtiger Stamm, eine dichte Krone, rauschende Blätter und viele andere Details. Ein Autor, der über das Hörspiel schrieb, hat das Wort einmal als »Werdebefehl« charakterisiert. Dies ist es in der Tat; denn bevor es uns einen abstrakten Begriff vermittelt, ruft es erst einmal eine Vorstellung vor unser inneres Auge. Dieser Bereich der sinnlichen Vorstellung ist die wichtigste Schicht in jedem Gedicht. Auf klanglichem Gebiet ist die Dichtung der Musik unterlegt, auf begrifflichem der Philosophie, aber auf dem Gebiet der sinnlichen Vorstellung erreicht sie eine von den physikalischen Bedingungen der raumzeitlichen Welt völlig losgelöste Freiheit der Evokation einer fiktiven Welt, neben der die Möglichkeiten der Malerei und des Films als geradezu arm erscheinen; denn diese sind auf die Sinneswahrnehmungen des Auges und beim Film auch noch des Ohrs eingeschränkt, während die vorgestellte Welt der Dichtung in der Fiktion von allen Sinnen wahrgenommen wird. Die dritte Wirkungsebene der Sprache ist, wie schon angedeutet, die begriffliche. Auch wenn Dichtung nicht abstrakt argumentiert und reflektiert wie Wissenschaft und Philosophie, ist abstraktes Denken dennoch Bestandteil der Innenwelt eines Gedichts. Große Dichtung beschränkt sich nie auf das Beschwören einer vorgestellten Bilderwelt, sondern läßt in dieser immer auch Bedeutungen erkennen, die Teil einer implizierten Argumentationskette sind. Ezra Pound, der große amerikanische Dichter und Anreger der Moderne, hat für die drei hier aufgeführten Wirkungsebenen der Sprache die Begriffe *Melopoeia*, *Phanopoeia* und *Logopoeia* geprägt. Da sie den Sachverhalt sehr treffend bezeichnen, wollen wir sie im folgenden als Termini übernehmen.

Neben den drei genannten hauptsächlichen Wirkungsebenen der dichterischen Sprache darf eine vierte nicht ganz übersehen werden, die *graphische*. Seit Erfindung der Schrift hat es bis auf den heutigen Tag immer wieder Dichter gegeben, die auch das Schriftbild ihrer Gedichte als Ausdrucksmittel eingesetzt haben. Im europäischen Kulturraum lag die Kunst der Kalligraphie zwar weitgehend in den Händen der Buchdrucker und professionellen Graphiker, aber auch hier haben Dichter, so z. B. manche im Barock oder noch in diesem Jahrhundert Stefan George, auf die graphische Gestalt ihrer Gedichte großen Nachdruck gelegt. In den ostasiatischen Literaturen dagegen, wie z. B. in der japanischen Haiku-Dichtung, galt der kalligraphische Schreibakt jahrhundertelang als fester Bestandteil des dichterischen Schaffensprozesses. Auf eine ganz andere Weise haben in diesem Jahrhundert die Vertreter der konkreten Poesie das Druckbild als Ausdrucksmittel eingesetzt. Hier ist die graphische Anordnung des Textes weder kalligraphische Einkleidung noch bildhafte Umsetzung des semantisch Gesagten, sie will vielmehr ganz konkret als die eigentliche Aussage genommen werden. Im zweiten Teil des Buches werden wir dies an zwei Beispielen vorführen.

Melopoeia: das Wort als Klang

Auf dem Gebiet der lautlichen Ausdrucksmittel hat die Lyrik viel mit der Musik gemein. Wie diese kennt sie Rhythmus, Klangfarbe und Melodie. Nur die Dimension der Harmonik ist ihr verschlossen, da Sprachlaute Geräusche und keine reinen Töne sind und da ein Sprecher nicht mehrstimmig sprechen kann. Dennoch haben es manche Dichter verstanden, in einigen besonders klangwirksamen Gedichten so kunstvolle Vokalfolgen zu gestalten, daß diese sich beim Lesen wie aufgelöste Akkorde anhören, so daß in der Tat eine Art von Harmonik zur Wirkung gelangt. Im folgenden wollen wir die drei obengenannten melopoetischen Ausdrucksmittel etwas näher betrachten. Es muß aber schon hier vorausgeschickt werden, daß dieser Wirkungsbe-

24

reich der Sprache in der gegenwärtigen Lyrik nur noch eine sehr geringe Rolle spielt. Dies rührt z. T. daher, daß Gedichte heute meist nur noch gelesen und nicht mehr rezitiert werden. Der Hauptgrund dürfte wohl aber darin zu suchen sein, daß die Dichtung ebenso wie die Musik und die bildende Kunst alles meidet, was in der unmittelbaren sinnlichen Wahrnehmung ästhetische Lust erregt. Das sinnlich Schöne scheint durch seine Vermarktung so entwertet worden zu sein, daß seine nackte Unmittelbarkeit bei Künstlern wie beim Publikum inzwischen als etwas geradezu Obszönes empfunden wird. Schönheit im traditionellen Sinn ist in der Kunst offenbar nur noch in einer durch Reflexion gebrochenen Form zu ertragen. Deshalb ist sprachlicher Wohlklang aus der Dichtung fast ebenso verschwunden wie der Belcanto aus der Musik. Das heißt aber nicht, daß der moderne Dichter der Lautgestalt seines Gedichts gegenüber völlig gleichgültig ist. Das konsequente Vermeiden des sprachlichen Wohlklangs erfordert die gleiche Kunstfertigkeit wie das planvolle Anstreben desselben. Übrigens gab es auch früher schon Dichtung, die einen spröden, ganz unmelodiösen Sprechduktus wirkungsvoll einsetzte. Der Engländer John Donne, ein jüngerer Zeitgenosse Shakespeares, wird nicht zuletzt deswegen heute so hoch geschätzt.

Takt / Rhythmus

Gesprochene Sprache besteht aus gegliederten Folgen von Sprechlauten. In ungebundener Sprache, also in der Prosa, wird die Gliederung durch die geltenden Konventionen der Wortbetonung und der Satzintonation bestimmt. Das läßt dem Sprecher die Freiheit, in ein und demselben Satz je nach seiner Kommunikationsabsicht den Hauptton ganz unterschiedlich zu setzen. In der gebundenen Sprache der Lyrik dagegen wird die Gliederung des Sprachflusses vom Dichter weitgehend festgelegt. Die vertrauteste Form solcher Fest-

legung ist ein sich regelmäßig wiederholender Takt
(= *Metrum*). In der Musik ist ein Takt der in seiner zeitlichen Länge festgelegte Zwischenraum zwischen zwei Betonungen. Dieser kann auf die verschiedenste Weise gefüllt werden. Eine halbe Note ergibt ebenso einen vollen ¾-Takt wie sechzehn Zweiunddreißigstel. Das *quantitierende* Prinzip, das die Lautfolge in gleich lange Zeiteinheiten gliedert, galt auch in der griechischen und lateinischen Lyrik, was daher rührt, daß Gedichte in der Antike in einer Art Sprechgesang rezitiert wurden. Allerdings gab es dabei nur zwei verschiedene Notenlängen, nämlich lange und kurze Silben, wobei zwei kurze einer langen entsprachen und oft durch diese ersetzt werden konnten. So hat z. B. der *Hexameter* (Sechsfüßler), der klassische Vers des antiken Epos, das Schema (— = Länge, ∪ = Kürze):

$$\acute{-} \cup\cup \mid \acute{-} \cup\cup \mid \acute{-} \cup\cup \mid \acute{-} \cup\cup \mid \acute{-} \cup\cup \mid \acute{-} \cup$$

Der zweitwichtigste Vers der Antike, der *Pentameter* (Fünffüßler), hat das Schema:

$$\acute{-} \cup\cup \mid \acute{-} \cup\cup \mid \acute{-} \mid\mid \acute{-} \cup\cup \mid \acute{-} \cup\cup \mid \acute{-}$$

(// markiert einen Einschnitt, Diärese genannt).
Auch dieser Vers scheint aus sechs Füßen zu bestehen. Da aber der dritte und der sechste Versfuß nur die halbe Länge haben, ergibt sich insgesamt ein Vers von fünf Zeiteinheiten. In der deutschen Lyrik kennen wir das quantitierende Prinzip nicht. Wir gliedern den Vers nicht in Längen und Kürzen, sondern in betonte und unbetonte Silben. Zwei Takte, die beide dem Schema Hebung–Senkung folgen, werden auch dann als gleichartig empfunden, wenn einer davon beim Sprechen auf eine vielfache Länge des anderen gedehnt wird. Wenn wir heute lateinische Verse lesen oder lateinische Versmaße im Deutschen verwenden, ersetzen wir automatisch Längen durch (betonte) Hebungen und Kürzen durch (unbetonte) Senkungen. Deshalb gibt es für den antiken *Spondēus*, einen aus zwei Längen bestehenden Versfuß, keine deutsche Entsprechung, da zwei aufeinanderfolgende

betonte Silben immer so gelesen werden, daß eine davon etwas stärker betont wird, so daß die andere infolgedessen als Senkung erscheint. Die vier übrigen klassischen Versmaße haben dagegen alle ihre deutsche Entsprechung:

Jambus	=	steigender Zweier:	x x́
Trochäus	=	fallender Zweier:	x́ x
Daktylus	=	fallender Dreier:	x́ x x
Anapäst	=	steigender Dreier:	x x x́

Ursprünglich kannten die germanischen Sprachen nur das reine *akzentuierende* Prinzip der Metrik. Sie gliederten eine Verszeile in eine feste Anzahl von Hebungen, deren Zwischenräume mit einer unregelmäßigen Anzahl von Senkungen gefüllt werden konnten. Dieses Prinzip kennen wir noch heute als sogenannten *Knittelvers*. Unter dem Einfluß der romanischen Dichtung, die für die Verszeilen feste Silbenzahlen und für die Betonung das *alternierende* Prinzip des regelmäßigen Wechsels von Hebung und Senkung eingeführt hatten, setzte sich auch in der deutschen Dichtung das Prinzip der regelmäßigen Wiederholung eines festen Taktschemas durch. Während im Französischen aber die Alternation von Hebung und Senkung gegen den Wortakzent verstoßen kann, hat dieser im Deutschen den Vorrang. Das akzentuierende Prinzip erscheint uns so natürlich, daß wir den Knittelversen, mit denen Faust in seinem berühmten Eingangsmonolog auftritt, durchaus die unregelmäßige Füllung der Senkungen zwischen den Hebungen verzeihen, während wir sofort ins Stolpern kommen und es als Kunstfehler empfinden, wenn ein festes Metrum gegen den natürlichen Wortakzent verstößt.

Ein festes Metrum, das früher in der Lyrik die Regel war, ist heute die Ausnahme. Deshalb sind viele oft kaum noch in der Lage, beim Lesen eines älteren Gedichts den Takt zu halten. Sie kommen aus dem Tritt. Als Eselsbrücke empfiehlt sich am Anfang das, was früher an Schulen verpönt war, das leiernde Lesen. Sobald man aber das Metrum erkannt und Tritt gefaßt hat, sollte man das Leiern wieder aufgeben und zu einer sinngemäßen Betonung zurückkehren, doch so, daß die metrische Formalisierung als ästhetischer Ordnungswert weiterhin spürbar bleibt.

Strenggenommen hätte der Takt unter der Rubrik Formalisierung abgehandelt werden müssen, da seine Hauptfunktion darin besteht, einen Text zu »binden«. Erst der *Rhythmus* macht aus der taktmäßigen Gliederung ein Ausdrucksmittel. Man kann ihn definieren als die sinnunterstützende Akzentuierung des Sprachflusses, die das feste Metrum frei umspielt. Goethes berühmte Zeile

> Kennst du das Land, wo die Zitronen blühn?

ist metrisch ein fünfhebiger Jambus. Lesen wir sie aber sinnbetont, so sieht das rhythmische Schema ganz anders aus:

> Kénnst du das Lánd, wo die Zitrónen blühn?

Statt der fünf Hebungen sind jetzt nur noch drei zu hören, von denen die erste noch dazu auf eine Silbe fällt, die vom Metrum her eigentlich unbetont sein müßte; dennoch kommen wir beim Lesen nicht ins Stolpern. Die Betonung einer metrisch unbetonten Silbe ist am Anfang eines Verses gestattet, da sie mit keiner vorausgehenden Betonung zusammenstoßen kann und da das metrische Schema für das Ohr des Zuhörers noch nicht fest etabliert ist. Im Versinnern würde man dagegen eine solche Verschiebung als Kunstfehler empfinden. Läßt man z. B. den Artikel vor »Zitronen« weg, so ist nicht nur das metrische Schema, sondern auch der rhythmische Fluß unterbrochen.

> Kennst du das Land, wo Zitronen blühn?

Daran erkennt man, daß der Rhythmus dem Metrum zwar nicht sklavisch folgen muß, aber auch nicht dagegen verstoßen darf.

Gute Gedichte haben selten mehr als zwei oder drei Betonungsgipfel in einer metrisch fünfhebigen Zeile. Die schlechteren erkennt man daran, daß sie in leierndem Auf und Ab dem Metrum folgen, so daß keine ausgreifende rhythmische Geste und damit auch kein freier Flug des Gedankens zustande kommt. Andererseits hat das Metrum aber auch eine positive, disziplinierende Wirkung. Nur große Dichter wie Goethe haben in freien Rhythmen ohne metrische Bindung Gedichte von höchster Konzentration geschaffen, während geringere Dichter sich durch freie Rhythmen oft zu geschwätzigem Psalmodieren verführen lassen. Wer ein empfindliches Ohr für Rhythmus hat, dem wird schon aufgefallen sein, daß jeder Dichter seinen eigenen, ganz persönlichen Sprechgestus hat. Allerdings haben Versuche, wie E. Sievers sie mit seiner Schallanalyse unternahm, um gleichsam die akustischen Fingerabdrücke der Dichter am Lautbild ihrer Gedichte abzulesen, zu keinen überzeugenden Ergebnissen geführt.

Was der Rhythmus im Gedicht zu leisten vermag, sollen nun zwei Beispiele demonstrieren. Zuerst Goethes bekanntes Gedicht

Auf dem See

Und frische Nahrung, neues Blut
Saug ich aus freier Welt;
Wie ist Natur so hold und gut,
Die mich am Busen hält!
Die Welle wieget unsern Kahn
Im Rudertakt hinauf,
Und Berge, wolkig himmelan,
Begegnen unserm Lauf.

Aug, mein Aug, was sinkst du nieder?
Goldne Träume, kommt ihr wieder?
Weg, du Traum! so gold du bist;
Hier auch Lieb und Leben ist.

Auf der Welle blinken
Tausend schwebende Sterne,
Weiche Nebel trinken
Rings die türmende Ferne;

Morgenwind umflügelt
die beschattete Bucht,
Und im See bespiegelt
Sich die reifende Frucht.

Hier werden drei unterschiedliche Gemütsverfassungen
durch drei verschiedene Rhythmen zum Ausdruck gebracht.
Die steigenden Jamben der ersten Strophe vermitteln den
Eindruck von Optimismus und Tatendrang, von Über-
schwang und jugendlichem Weltvertrauen. In der zweiten
Strophe tritt an die Stelle des Jambus der fallende Trochäus.
Schlagartig verdüstert sich die Stimmung, und es kommt ein
Gefühl von Betrübtheit auf, gegen das der Dichter sich zur
Wehr setzt. In der dritten Strophe hat er sein inneres Gleich-
gewicht wiedergefunden. Jetzt pendelt der Rhythmus wie
ein schwankendes Boot zwischen dem langsam fallenden
Trochäus und dem ebenfalls fallenden Daktylus, der aber im
Unterschied zu ersterem einen leichtfüßig beschwingten
Charakter hat.
Ein Meisterstück rhythmischer Gestaltung ist das folgende
Gedicht von Robert Browning:

After

Take the cloak from his face, and at first
    Let the corpse do its worst.

How he lies in his rights of a man!
    Death has done all death can.
And absorbed in the new life he leads,
    He recks not, he heeds
Nor his wrong nor my vengeance – both strike
    On his senses alike,
And are lost in the solemn and strange
    Surprise of the change.

Ha, what avails death to erase
    His offence, my disgrace?
I would we were boys as of old
    In the field, by the fold –
His outrage, God's patience, man's scorn
    Were so easily borne.

I stand here now, he lies in his place –
    Cover the face.

Es handelt sich hier um ein Rollengedicht, in dem ein
Sprecher fingiert wird, der vor dem Leichnam eines von ihm
im Duell getöteten Mannes steht. Das Gedicht beginnt in
regelmäßigen Anapästen, die den Eindruck vermitteln, als
versuche der Sprecher ganz bewußt, sich zusammenzurei-
ßen. (Nicht ohne Grund haben die Griechen den Anapäst
für Marsch- und Kampflieder verwendet.) In der Zeile aber,
in der zum erstenmal vom Tod die Rede ist, hört die
Regelmäßigkeit auf.

> Death has done all death can.

In dieser Zeile müßte eigentlich jedes Wort außer »has«
mehr oder weniger gleich stark betont werden. Danach
findet der Sprecher zurück zum regelmäßigen Anapäst bis
zu der Zeile, in der der Tod zum zweiten Mal genannt wird:

> Há, whát aváils déath to eráse

Man wird die Zeile kaum anders lesen können als so, daß
zweimal zwei Hebungen hart aufeinanderstoßen und die
regelmäßige Ordnung erneut ins Wanken gerät. Noch einmal gelingt es dem Sprecher, die Fassade des kontrollierten
Anapäst wiederherzustellen, doch in der Zeile

> His oútrage, Gòd's pátience, màn's scórn

fällt es ihm sichtlich schwer, das Schema einzuhalten.
»God's« und »man's« tragen einen fast ebenso starken
Akzent wie die unmittelbar folgenden Hebungen. In der
vorletzten Zeile schließlich verliert er vollends die Fassung.

> I stand here now, he lies in his place –

Wie in der vierten Zeile müßte man auch hier jedes Wort mit Ausnahme von »in« gleich stark betonen. Dadurch entsteht eine stockende, fast schluchzende Bewegung. Die Schlußzeile wird der Leser danach wohl kaum mehr als metrisch gegliedert empfinden, sondern als schlichte Prosa. Das Gedicht hat damit in seiner rhythmischen Lautgestalt sinnfällig zum Ausdruck gebracht, wie der Sprecher angesichts des getöteten Gegners zunächst versucht, sich kühl und überlegen ins Recht zu setzen, und wie er dann doch mehr und mehr und zuletzt vollends die Fassung verliert.

Klangfarbe

Wenn wir a, o, u als dunkle und e, i, ü als helle Vokale bezeichnen, beschreiben wir eine akustische Wahrnehmung so, als sähen wir sie. Wir schreiben den Vokalen Farbqualitäten zu. Ähnliches tun wir, wenn wir m, n, l als weiche und p, t, k als harte Konsonanten bezeichnen. Nur sind es jetzt keine visuellen, sondern taktile Eindrücke, die uns die Konsonanten vermitteln. Weiterhin pflegen wir dunkle Vokale eher als warm, helle eher als kühl zu empfinden, womit ein weiterer Sinnesbereich angesprochen ist. Alle diese mit dem Sprachlaut assoziierten Sinnesqualitäten sollen hier unter dem Begriff Klangfarbe zusammengefaßt werden. Der Gebrauch dieses Ausdrucksmittels ist keineswegs der Dichtung allein vorbehalten. Schon die natürlichen Sprachen haben zahlreiche Wörter dadurch gebildet, daß sie die zu bezeichnende Sache lautmalerisch nachzuahmen suchten. Solche Lautmalerei (*Onomatopoesie*) ist in vielen Wörtern zu erkennen, z. B. in »zischen«, »klirren«, »schwirren«, »krachen«. Im Barock wurde sogar die Ansicht vertreten, daß ursprünglich alle Wörter einer Sprache so entstanden seien. Deshalb machten die Barockdichter z. T. exzessiven Gebrauch vom Mittel der Lautmalerei, da sie glaubten, auf diese Weise dem Ursprung der Sprache besonders nahe zu sein. Hier als Beispiel eine Strophe aus einem Gedicht von

Johann Klaj, worin dieser ein Freudenfeuerwerk nicht nur beschreibt, sondern mit lautmalerischen Mitteln nachzuahmen versucht:

> So reißet, zerschmeißet kein Hagel die Blätter,
> So rasselt, so prasselt kein donnerndes Wetter,
> So prallet, so knallet kein fallend Gemäuer,
> als knicket und knacket das knisternde Feuer.

Während die Barockdichter vor allem den Reiz rasselnder, polternder und scheppernder Konsonantenfolgen auskosteten, hatten es den Romantikern die Vokale und die weichen Nasale und Liquide angetan. Als ein Musterbeispiel romantischer Lautmalerei gilt das folgende Gedicht von Clemens Brentano:

> Hör, es klagt die Flöte wieder,
> Und die kühlen Brunnen rauschen.
> Golden wehn die Töne nieder,
> Stille, stille, laß uns lauschen!
>
> Holdes Bitten, mild Verlangen,
> Wie es süß zum Herzen spricht!
> Durch die Nacht, die mich umfangen,
> Blickt zu mir der Töne Licht.

Die ö-Laute der ersten Zeile bilden die Flötentöne nach, die aus dem Nachtdunkel der u- und au-Laute der zweiten Zeile emporsteigen. Das Brunnengeplätscher wird durch die Zischlaute in »rauschen« und »lauschen« für das Ohr vergegenwärtigt, und die hellen i- und ö-Laute, mit denen das Gedicht in der letzten Zeile ausklingt, wecken die Vorstellung von Sternenlicht.

Gleichzeitig ist dieses Gedicht aber noch ein Musterbeispiel für ein zweites Ausdrucksmittel, das bei den Romantikern sehr beliebt war: die *Synästhesie*. Man versteht darunter das Ineinanderübergehen verschiedener Sinnesbereiche. So werden z. B. in der Zeile

> Golden wehn die Töne nieder

ein visueller (»golden«), ein taktiler (»wehn«) und ein akustischer Sinneseindruck verschmolzen. Das gleiche gilt für die Schlußzeile, wo ebenfalls eine akustische (»Töne«) mit einer visuellen (»Licht«) Sinneswahrnehmung zusammengebracht und beide zusammen durch das »blickt« noch personifiziert werden. Die Synästhesie gehört eigentlich in den Bereich der Bildersprache, sie tritt aber oft, wie unser Beispiel zeigt, zusammen mit Lautmalerei auf.

In der nachromantischen Lyrik kamen dann wieder die Konsonanten zu Ehren. Niemand hat sie im 19. Jahrhundert wirkungsvoller eingesetzt als Annette von Droste-Hülshoff. Mit unnachahmlicher Meisterschaft gelingt es ihr, westfälische Heidelandschaft so zu beschreiben, daß man in den Konsonanten den stachligen Ginster förmlich knistern und knacken hört.

> Dunkel, Dunkel im Moor,
> Über der Heide Nacht,
> Nur das rieselnde Rohr
> Neben der Mühle wacht,
> Und an des Rades Speichen
> Schwellende Tropfen schleichen.
>
> Unke kauert im Sumpf,
> Igel im Grase duckt,
> In dem modernden Stumpf
> Schlafend die Kröte zuckt,
> Und am sandigen Hange
> Rollt sich fester die Schlange.
>
> (Aus: »Das Hirtenfeuer«)

Hier wird ein Bild so beschrieben, daß der Leser das, was die Wörter semantisch sagen, gleichzeitig mit den Ohren wahrnehmen kann. Das Dumpfe des Sumpfes, das Stachlige des Igels, die weiche Bewegung der Schlange: alles wird durch Lautmalerei intensiviert, wobei die Konsonanten noch wirksamer sind als die Vokale. Ein Bravourstück der

Lautmalerei ist »Der Knabe im Moor«, ein Gedicht, das selbst erwachsenen Lesern eine Gänsehaut über den Rücken jagt.

Meist dient die Lautmalerei der wirkungsvollen Unterstreichung des jeweiligen Wortsinns. Sie hat dann punktuell eine illustrierende Funktion. Manchmal aber kann auf solche Weise ein ganzer Ablauf dem Leser sinnfällig vor Augen geführt werden. Angenommen, ein Dichter wollte mit onomatopoetischen Mitteln einen Sonnenaufgang darstellen. Wie könnte er es tun? Er würde wahrscheinlich mit einer Folge sehr dunkler Vokale beginnen, diese dann langsam heller werden lassen und das Hervorbrechen des Lichts mit dem hellsten, strahlendsten Vokal, dem i, zum Ausdruck bringen. Um das Eindrucksvolle, Eruptive des Naturvorgangs hervorzuheben, könnte er beim Übergang vom Dunkel zum Licht zusätzlich eine Folge rasselnder Konsonanten einfügen. Das würde den Eindruck vermitteln, als sprengte der Tag die Tore der Nacht und marschierte mit lärmenden Truppen ein. Genau so hat Goethe am Anfang von *Faust II* einen Sonnenaufgang beschrieben:

> Horchet! horcht dem Sturm der Horen!
> Tönend wird für Geistesohren
> Schon der neue Tag geboren.
> Felsentore knarren rasselnd,
> Phöbus' Räder rollen prasselnd,
> Welch Getöse bringt das Licht!

(Vers 4666–71)

Da Lyrik-Interpretationen meist allzu direkt auf Tiefsinn aus sind und den Kunstgriffcharakter der Dichtung dabei ganz übersehen, wollen wir ein weiteres Beispiel anfügen. Angenommen, ein Dichter wollte ein Gedicht über eine Katze schreiben und dabei deren taktile Qualitäten, das weiche Fell und die scharfen Krallen, lautmalerisch zum Ausdruck bringen. Er könnte versuchen, durch gehäufte Verwendung von Nasalen und Liquiden, also von m, n, ng, l und r, einen weichen, samtigen Untergrund zu schaffen, in den dann scharfe, stimmlose Explosivlaute wie p, t, k eingestreut werden. Ebendies hat John Keats, ein für die Sinnlichkeit seiner Sprachgebung besonders berühmter englischer Dichter, mit spielerischer Virtuosität in dem folgenden Gedicht getan, das hier im Original ohne Übersetzung abgedruckt werden kann, da sein Inhalt fast vollständig an seiner Oberfläche abzulesen ist:

> Cat, who hast passed thy grand climacteric,
>   How many mice and rats hast in thy days
>   Destroyed? How many titbits stolen? Gaze
> With those bright languid segments green, and prick
> Those velvet ears – but prithee do not stick
>   Thy latent talons in me, and upraise
>   Thy gentle mew, and tell me all thy frays
> Of fish and mice, and rats and tender chick.
> Nay, look not down, nor lick thy dainty wrists –
>   For all the wheezy asthma, and for all
> Thy tail's tip is nicked off, and though the fists
>   Of many a maid have given thee many a maul,
> Still is that fur as soft as when the lists
>   In youth thou enter'dst on glass-bottled wall.

Melodie

Die Melodie eines Verses ist dessen am schwersten zu beschreibende lautliche Qualität; denn sie entsteht erst aus dem Zusammenwirken von Klangfarben, Tonfolgen, metrischem Grundmuster und rhythmischem Fluß. Da dunkle Vokale tief und helle hoch artikuliert werden, lassen sich durch gut gewählte Vokalfolgen weit ausschwingende Melodiebögen gestalten, die durch Explosivlaute oder syntaktische Fugen so interpunktiert werden können, daß sich eine ausdrucksvolle, reich gegliederte Melodielinie ergibt. Durch das Kontrastieren von Zeilen mit hellen und solchen mit dunklen Vokalen lassen sich darüber hinaus regelrechte Klangterrassen anlegen, die der Klanggestalt eines Gedichts einen weiten Tonraum eröffnen. Bei den besten Werken klangbewußter Dichter hat man als Leser das Gefühl, daß die Verse ruhig und tief atmen wie die Stimme eines ausgebildeten Sängers, während die weniger guten Gedichte einen kurzen, flachen Atem haben. Einige Beispiele mögen dies verdeutlichen.

Hölderlin: Mit gelben Birnen hänget
               und voll mit wilden Rosen
               das Land in den See.

(Aus: »Hälfte des Lebens«)

Um sich die klangliche Kunstfertigkeit dieser Zeilen klarzumachen, braucht man nur einmal einige geringfügige Veränderungen vorzunehmen, und man wird sehen, wie sich der poetische Zauber sogleich verflüchtigt:

               Mit gelben Äpfeln hänget
               und voll mit roten Rosen
               das Land in den See.

Die Finesse des Originals liegt darin, daß die Melodie zweimal zum hellsten Vokal, dem i, hinauf- und wieder hinabschwingt, wobei sie in der ersten Zeile von der neutralen e-Terrasse und in der zweiten von der tiefen o-Terrasse ausgeht, bevor sie in der dritten Zeile über das a zur Mittellage des e zurückschwingt. In der veränderten Fassung sind die beiden Melodiebögen eingeebnet. Jetzt haben wir eine e- und eine o-Terrasse parallel nacheinander, ohne daß irgendeine Melodiebewegung stattfindet. Die Verse sind klanglich tot. Leser, deren Ohr für Sprachmelodien noch wenig geschult ist, sollten immer wieder dieses Experiment einer geringfügigen Veränderung machen, und sie werden bald voller Hochachtung für die subtile Sprachkunst der großen Dichter sein.

Sprachmelodie von betörendem Wohlklang war zwar eine Domäne der klassisch-romantischen Lyrik, aber auch bei der verhalteneren, spröderen Sprache der Moderne führt unser Test zu den gleichen Ergebnissen. Brecht, der einen neuen, kargen, fast prosaischen Ton in die Lyrik eingeführt hat, fängt seine berühmte »Legende von der Entstehung des Buches Taoteking« so an:

> Als er Siebzig war und war gebrechlich
> Drängte es den Lehrer doch nach Ruh

Hier die veränderte Fassung:

> Als er Achtzig war und grau und faltig
> Drängte es den Lehrer doch nach Frieden

Wieder ist der klangliche Reiz der Zeilen vollkommen zerstört. Im Original schwingt die Melodie zuerst zum hohen i hinauf (»Siebzig«), sinkt auf das a zurück, hält sich dann in »gebrechlich/Drängte es den Lehrer« gleichmäßig auf dem e und führt schließlich über o und a zum tiefen dunklen u. Das ist der melodische Gestus eines alten Mannes, der sich aufrichtet, sich mühsam auf den Beinen hält, sich dann aber doch niederlassen muß, um zu verschnaufen. Diese innere Bewegung der beiden Zeilen ist aus der veränderten Fassung verschwunden. Jetzt haben wir eine flache, monotone Zeile auf a und eine zweite, die über a und o zum i hinaufführt, was dem Inhalt des Satzes völlig zuwiderläuft.

Selbst da, wo moderne Dichter es bewußt darauf anlegen, das Gedicht auf der Sensibilität des Lesers wie Schmirgelpapier knirschen zu lassen, tun sie es mit Sätzen von höchst wirkungsvoller Sprachmelodie.

Enzensberger: Reffen wir ruhig die Regenschirme,
die nächste Sintflut wird seicht sein.

Wenn ein Gedicht so anfängt, weiß der Leser, daß er kein poetisches Belcanto zu erwarten hat. Und doch beziehen diese Zeilen ihre Wirkung nicht aus der bewußten Unpoesie ihres Inhalts, sondern aus der kunstvollen Rhetorik ihres Sprachflusses. Der dreimalige Stabreim gibt beiden Zeilen die Stoßkraft, der Wechsel vom fallenden zum steigenden Metrum unterstreicht die Vorstellung von steigender Flut, und die beiden ei-Laute, die am Ende der zwischen i und u hin und her pendelnden Vokalfolge stehen, wecken die Vorstellung von etwas Weichem, Breiigem.

Die wohlklingenden Versmelodien eines Claudius, Eichendorff und Heine, die sich wie Volkslieder ins Gedächtnis des Lyriklesers eingegraben haben, begegnen uns heute nur noch da, wo sie zu satirischem, parodistischem oder sprachspielerischem Zweck verwendet werden. Der unübertroffene Virtuose in der verfremdenden Adaption solcher lyrischen Ohrwürmer ist Peter Rühmkorf. Ihm gelingt es, die bizarrsten Metaphern in Verse von betörendem Wohlklang zu gießen. Hier zwei Beispiele:

> Sommer, und die Schwalbe piepste
> Monde zwischen Dach und Tür –
> Dumm wie Dotter meine Liebste,
> weich wie Melde unter mir.

(Aus: »Das Zeitvertu-Lied«)

Dies ist die Melodie, die wir aus vielen romantischen Gedichten kennen, z. B. aus Storms »Schon ins Land der Pyramiden . . .«.

Ähnlich das zweite Beispiel:

> Spiel mit dem Lämmersterz
> tändelnde Agnes –
> ich hab ein rohes Herz,
> du ein gebacknes.

(Aus: »Auf ein rohes Herz«)

Auch diese Melodie, eine Abwandlung des Adonischen Verses aus der Antike, kennt man, u. a. aus Rilkes Sonett an Orpheus »Nur wer die Leier schon hob«. So amüsant

Rühmkorfs Kunststücke zweifellos sind, wird man doch kaum verhehlen können, daß sie bedenklich nahe am bloßen Kunstgewerbe liegen. Trotzdem möchte man seine Stimme im Konzert der zeitgenössischen Lyrik nicht missen.

Phanopoeia: das Wort als Bild

Jeder sprachliche Text, der etwas Konkretes beschreibt, ruft in uns eine Vorstellung des Beschriebenen wach. Das bedeutet, daß der Dichter mit Worten Bilder und Bildsequenzen malen kann. Während aber der Maler auf die visuellen Sinneswahrnehmungen und die zweidimensionale Fläche seiner Leinwand eingeschränkt ist, hat der Dichter die Freiheit, eine dreidimensionale Vorstellung mit den Wahrnehmungen aller fünf Sinne zu evozieren und diese obendrein noch so zu verdichten, daß sie an Intensität der sinnlichen Präsenz jede reale Wirklichkeit übertrifft. Da aber in unserem Bewußtsein hinter der Vorstellung einer Sache immer schon deren Begriff steht, hat auch die in einem Gedicht evozierte Bilderwelt eine natürliche Affinität zum Begrifflichen. Je nachdem, ob ein Bild mehr Bild oder mehr Zeichen für eine Bedeutung sein will, lassen sich verschiedene Arten von Bildlichkeit unterscheiden.

Darstellende Bildlichkeit

Wenn man den Begriff »Bild« auf den Gesamtbereich konkreter Vorstellungen anwendet, so wird man diejenige Form von Bildlichkeit, die nichts weiter bedeutet als das, was sie darstellt, als *einfaches Bild* bezeichnen müssen. Hier ein Beispiel:

Richard Dehmel

Manche Nacht

Wenn die Felder sich verdunkeln,
Fühl ich, wird mein Auge heller;
Schon versucht ein Stern zu funkeln,
Und die Grillen wispern schneller.

Jeder Laut wird bilderreicher,
Das Gewohnte sonderbarer,
Hinterm Wald der Himmel bleicher,
Jeder Wipfel hebt sich klarer.

Und du merkst es nicht im Schreiten,
Wie das Licht verhundertfältigt
Sich entringt den Dunkelheiten.
Plötzlich stehst du überwältigt.

Das Gedicht beschreibt mit großer Anschaulichkeit das
Hereinbrechen der Nacht, wie es vor allem in nördlichen
Breiten an klaren Sommerabenden zu beobachten ist. Ehe
der Himmel sich verdunkelt, wird er erst einmal blaß und
sehr hell, während die Silhouette des Waldes sich scharf und
dunkel von ihm abhebt. Es ist eine kurze Zeitspanne von
eigentümlicher Paradoxie, da die Dunkelheit zunächst mit
zunehmender Helligkeit und das Verstummen der Welt mit
einer zunehmenden Deutlichkeit der noch hörbaren Geräusche beginnt. Dehmel gestaltet dieses Phänomen mit großer
Eindringlichkeit und läßt es in ein Erlebnis subjektiven
Überwältigtseins münden. Man könnte dabei zwar an einen
seelischen Zustand plötzlicher Hellsichtigkeit denken, aber
das Gedicht enthält nichts, was auf eine weitergehende
symbolische Bedeutung verweist. Es scheint nichts weiter
darstellen zu wollen als das präzise Abbild eines subjektiv
erfahrenen atmosphärischen Vorgangs.
Anders verhält es sich bei Goethes berühmtem Gedicht

Wanderers Nachtlied

Über allen Gipfeln
Ist Ruh,
In allen Wipfeln
Spürest du
Kaum einen Hauch;
Die Vögelein schweigen im Walde.
Warte nur, balde
Ruhest du auch.

Auch dieses Gedicht evoziert ein Bild von großer Anschaulichkeit. Aber die Art, wie es aufgebaut wird, zwingt den Leser förmlich, es als Ausdruck einer tieferen Bedeutung zu verstehen. Die Beschreibung beginnt bei den Gipfeln, verengt sich auf die Wipfel und führt schließlich mit der Erwähnung der Vögelein in die Wipfel hinein. Parallel zu der Bildverengung erfolgt eine zunehmende Belebung. Die Gipfel gehören noch zur unbelebten Natur, die Wipfel bereits zum Pflanzenreich, die Vögelein zum Reich der Tiere. Damit ist in dem Gedicht eine Bewegung angelegt, die der Leser intuitiv fortsetzt. Als nächsten Schritt erwartet man den Eintritt in die Menschenwelt und eine noch stärkere Verengung des Bildes. Die lautliche Härte des »Warte« markiert akustisch den Drehpunkt, an dem sich das Gedicht von der Außenwelt in die Innenwelt wendet. Damit hört das äußere Bild auf, nur ein einfaches Bild zu sein. Es wird zur symbolischen Vergegenständlichung dessen, was als innere Erfahrung gemeint ist. Trotzdem bleibt es für den Leser konkret und real. Es ist keineswegs eine bloße bildhafte Einkleidung der intendierten Bedeutung. In dieser Doppelheit von gegenständlicher Realität und implizierter abstrakter Bedeutung entspricht das Bild genau der Definition, die Goethe vom *Symbol* gegeben hat: »Es ist die Sache, ohne die Sache zu sein, und doch die Sache; ein im geistigen Spiegel zusammengezogenes Bild, und doch mit dem Gegenstand identisch.« Das Symbol enthält eine Analogie, die nicht expliziert wird, sondern darauf angelegt ist, vom Leser spontan und intuitiv erfaßt zu werden. Wird die Analogie rational in ihre Bedeutung übersetzt, so haben wir es mit einem *Vergleich* zu tun, der, wenn er als längere Sequenz ausgeführt wird, sich zum *Gleichnis* erweitert. Auch dafür ein Beispiel:

Joseph von Eichendorff

Die Nachtblume

Nacht ist wie ein stilles Meer,
Lust und Leid und Liebesklagen
Kommen so verworren her
In dem linden Wellenschlagen.

Wünsche wie die Wolken sind,
Schiffen durch die stillen Räume,
Wer erkennt im lauen Wind,
Ob's Gedanken oder Träume?

Schließ ich nun auch Herz und Mund,
Die so gern den Sternen klagen:
Leise doch im Herzensgrund
Bleibt das linde Wellenschlagen.

Das Gedicht gibt bereits in der ersten Zeile zu verstehen, daß es keine reale Nacht beschreiben will. Durch einen Vergleich wird die Nacht in das Bild des Meeres übersetzt und erscheint nun als ein »lindes Wellenschlagen«. Die zweite Strophe geht von etwas Innerem, den »Wünschen«, aus und übersetzt sie in das Bild der Wolken, die ihrerseits mit Schiffen verglichen werden, worauf sich die Vergleiche beider Strophen in dem Bild des Meeres treffen. Dieses, ursprünglich nur zum Zwecke des Vergleichs herbeizitiert, erscheint nun in der dritten Strophe als die bildhafte Veranschaulichung eines inneren Zustands.

Es gibt aber auch die Möglichkeit, daß Inneres zur Besee-

lung von Äußerem herangezogen wird. Dies ist in allen
Formen von *Personifizierung* der Fall. Statt z. B. die Nacht
zur Verbildlichung eines Seelenzustands heranzuziehen,
kann ein Dichter umgekehrt die reale Nacht darstellen,
indem er sie mit seelischen Attributen versieht. Dies tut
Mörike in dem folgenden Gedicht:

Um Mitternacht

Gelassen stieg die Nacht ans Land,
Lehnt träumend an der Berge Wand,
Ihr Auge sieht die goldne Waage nun
Der Zeit in gleichen Schalen stille ruhn;
    Und kecker rauschen die Quellen hervor,
    Sie singen der Mutter, der Nacht, ins Ohr
        Vom Tage,
Vom heute gewesenen Tage.

Das uralt alte Schlummerlied,
Sie achtet's nicht, sie ist es müd;
Ihr klingt des Himmels Bläue süßer noch,
Der flüchtgen Stunden gleichgeschwungnes Joch.
    Doch immer behalten die Quellen das Wort,
    Es singen die Wasser im Schlafe noch fort
        Vom Tage,
Vom heute gewesenen Tage.

Mörike will den atmosphärischen Zustand der irdischen
Nacht so intensivieren, daß er als Teil einer kosmischen
Polarität erscheint. Er tut es, indem er die Nacht personifiziert, ihr seelische Qualitäten zuschreibt und sie so als die
große Weltenmutter erscheinen läßt, aus der alles hervorgeht
und in die alles zurückkehrt. Auf diese Weise wird die
Nacht ins Mythische überhöht. Mythos ist ein Begriff, der
hier durchaus paßt; denn das Wesen des Mythos ist, daß er
kosmische Kräfte nicht als Einkleidung abstrakter Sachver-
halte, sondern als konkrete Personifizierung darstellt.

Fällt das Moment des Konkreten in der Personifizierung weg, ist also das Bild nur Veranschaulichung des gemeinten Abstrakten, dann haben wir es mit einer *Allegorie* zu tun. Auch dafür ein Beispiel:

Andreas Gryphius

Über die Geburt Jesu

Nacht, mehr denn lichte Nacht! Nacht, lichter als der Tag!
Nacht, heller als die Sonn, in der das Licht geboren,
Das Gott, der Licht in Licht wahrhaftig, ihm erkoren!
O Nacht, die alle Nächt und Tage trotzen mag!

O freudenreiche Nacht, in welcher Ach und Klag
Und Finsternis und was sich auf die Welt verschworen
Und Furcht und Höllenangst und Schrecken war verloren!
Der Himmel bricht; doch fällt nunmehr kein Donnerschlag.

Der Zeit und Nächte schuf, ist diese Nacht ankommen
Und hat das Recht der Zeit und Fleisch an sich genommen
Und unser Fleisch und Zeit der Ewigkeit vermacht.

Die jammertrübe Nacht, die schwarze Nacht der Sünden,
Des Grabes Dunkelheit muß durch die Nacht
                                        verschwinden.
Nacht, lichter als der Tag! Nacht, mehr denn lichte Nacht!

Auch hier ist die Nacht das zentrale Bild. Aber es ist von Anfang an klar, daß nicht das atmosphärische Phänomen gemeint ist. Die reale Nacht, in der Jesus geboren wurde, ist nur der bildhafte Anlaß, um allegorisch von der Nacht der unerlösten Menschheit, der Nacht der Sünde und des Todes zu reden und um die Paradoxie auszusprechen, daß die Nacht von Jesu Geburt heller als die hellste Sonne erstrahlt und daß diese Nacht aller Nacht ein Ende bereitet hat.

Die zuvor betrachteten Formen von Bildlichkeit – also einfaches Bild, Symbol, Gleichnis, Personifizierung und Allegorie – stellen alle an den Leser den Anspruch, sich in ihrer bildhaften Realität vorzustellen. Anders verhält es sich bei der Metapher. Sie ist eine rhetorische Figur, die das Bild nur als Vehikel benutzt, ohne für dieses die Vorstellung von Realität zu beanspruchen. Man spricht deshalb von »uneigentlicher« Bildlichkeit. Meist werden alle Formen uneigentlicher Bildlichkeit unter den Terminus Metapher subsumiert. Bei größerer begrifflicher Strenge lassen sich aber zwei Klassen unterscheiden: Bilder, bei denen innerhalb ihres materiellen Bereichs die Bedeutung »verschoben« wird (*Metonymie*), und die eigentliche *Metapher*, bei der die Bedeutung vermittels einer Analogie »übertragen« wird (griech. metaphorein, »übertragen«). In beiden Fällen ist das Ziel, eine Sache interessanter, ungewohnter und damit poetischer auszudrücken, indem man sie bei einem anderen Namen nennt.

Zuerst ein Beispiel für Metonymie:

> Auch so das Glück
> Tappt unter die Menge,
> Faßt bald des Knaben
> Lockige Unschuld,
> Bald auch den kahlen
> Schuldigen Scheitel.

(Aus: Goethe, »Das Göttliche«)

Dies ist ein typisches Beispiel dafür, wie der Dichter die sinnliche Dichte des Textes dadurch erhöht, daß er das Allgemeine auf das Besondere zurückführt und anstelle des Ganzen einen anschaulichen Teil davon nennt. Statt also von jungen und alten Menschen zu reden, spricht er von »des Knaben lockiger Unschuld« und dem »kahlen schuldigen Scheitel«. Der lockige und der kahle Kopf stehen als pars pro toto für den Jüngling und den Greis. Umgekehrt wird durch die Begriffe »Unschuld« und »schuldig« als totum pro parte die ganze Welt der unschuldigen Kindheit bzw. des schuldbeladenen Alters genannt, um je einen Vertreter der beiden Welten zu bezeichnen. Solche Verschiebungen vom Teil zum Ganzen und vom Ganzen zum Teil sind in der Dichtersprache gang und gäbe.

Die häufigste Form uneigentlicher Bildersprache ist zweifellos die Metapher im engeren Sinne. In ihrer klassischen, schon von Aristoteles definierten Form beruht sie auf einer Proportionsgleichung: A verhält sich zu B wie C zu X, wobei X dasjenige ist, das durch die Metapher umschrieben werden soll. Ein Beispiel: das Meer verhält sich zum Schiff, wie die Wüste zum Kamel; also kann man das Kamel als »Wüstenschiff« bezeichnen. Unzählige Wörter unserer Alltagssprache sind auf diese Weise entstanden: »Stuhlbein«, »Tonarm«, »Buchrücken«, »Tochterunternehmen«, »Straßenkreuzer« usw. Die Analogie, die der Metapher zugrunde liegt, kann auch ohne vollständige Proportionsgleichung wirksam werden, sofern nur irgendeine strukturelle Ähnlichkeit vorliegt, z. B. in »Augapfel«, »Menschenkette«, »Wolkenwand«. Die Metapher hat sich im Laufe der Sprachgeschichte als eine unerschöpfliche und immer noch sprudelnde Quelle neuer Wortprägungen erwiesen. Kein Wunder, daß alle Dichter sich ihrer bedient haben und noch immer bedienen, um alte, abgegriffene Wörter durch Neuprägungen zu ersetzen.

> Zedernhäuser trägt der Atlas
> Auf den Riesenschultern,

heißt es bei Goethe in »Mahomets Gesang«; gemeint sind die Schiffe, die der mit Atlas verglichene Fluß trägt. In dem gleichen Gedicht heißt es an anderer Stelle:

> Drunten werden in dem Tal
> Unter seinem Fußtritt Blumen,
> Und die Wiese
> Lebt von seinem Hauch.

Doch ihn hält kein Schattental,
Keine Blumen,
Die ihm seine Knie umschlingen,
Ihm mit Liebesaugen schmeicheln:
Nach der Ebene dringt sein Lauf
Schlangenwandelnd.

Hier wird der Fluß zunächst personifiziert, worauf ihm dann Fußtritte und Knie zugeschrieben werden können, was der Leser sich aber nicht bildhaft vorstellen wird, da es sich dabei um uneigentliche, bloß über das Analogieprinzip vermittelte Bilder handelt. Wie der Musiker im tonalen Raum durch Modulation von einer Tonart in eine andere hinüberwechseln kann, so hat der Dichter durch das Analogieprinzip die Möglichkeit der semantischen Modulation. Er kann ein und dieselbe Sache auf verschiedenen Bildebenen wiederholen, ohne daß die Melodie der gemeinten Bedeutung verloren geht.
Eine der geläufigsten Metaphernformen ist die Genitivmetapher, die mit der Zeit zu einem so konfektionierten und abgedroschenen Versatzstück wurde, daß sie inzwischen bei Dichtern verpönt ist.

Der liebliche Korall der Lippen wird verbleichen,
Der Schultern warmer Schnee wird werden kalter Sand.

(Aus: Hofmann von Hofmannswaldau, »Vergänglichkeit der Schönheit«)

Der nicht unpoetische Grand Old Man der amerikanischen Country-music Johnny Cash hat ein Lied in seinem Programm, das aus einer einzigen Aneinanderreihung von Genitivmetaphern besteht. Hier die erste Strophe:

From the backdoor of your life you swept me out, dear,
In the bread-line of your dreams I lost my place.
At the table of your love I got the brush-off,
At the Indianapolis of your heart I lost the race.

Im 19. Jahrhundert kam im französischen Symbolismus eine neue Form der Metapher auf, die nicht mehr wie die klassisch-aristotelische durch eine Analogie entschlüsselt werden konnte. Jetzt fügten Dichter weit auseinander liegende Bilder zusammen und zogen gerade aus der Spannung der disparaten Teile den poetischen Reiz. Diese Form der Metapherndichtung war bis in die 60er Jahre unseres Jahrhunderts die charakteristische Ausdrucksweise moderner Lyrik. Bei Paul Celan, ihrem bedeutendsten Vertreter in deutscher Sprache, stehen solche Metaphern bereits im Titel seiner Gedichtbände: »Die Niemandsrose«, »Fadensonnen«. In Celans Gedichten finden sich zahlreiche Metaphern von irritierender und zugleich faszinierender Ausdruckskraft. Bei seinen Epigonen aber zeigt sich das Bedenkliche dieser Metapherndichtung, nämlich die extreme Beliebigkeit der Bildkombinationen. Manche Gedichte lesen sich, als hätte sie ein Computer über einen Zufallsgenerator erzeugt, und selbst einige der schwächeren Gedichte Celans kranken an dieser Beliebigkeit ihrer weithergeholten Bildverknüpfungen. Deshalb begann das Pendel schon in den 60er Jahren wieder zurückzuschwingen. Die gegenwärtige Lyrik ist nicht nur äußerst sparsam im Gebrauch der Metapher, in ihr treten auch die anderen phanopoetischen Ausdrucksmittel ganz in den Hintergrund. Den heutigen Dichtern geht es nicht um symbolisch aufgeladene Bilder oder um hermetisch-evokative Chiffren, sondern um einen spröden, sehr persönlichen, oft geradezu privatistischen Ton. Sie wollen nicht mehr allgemeine Wahrheiten einer allgemeinen Leserschaft mitteilen, sondern mit größtmöglicher Authentizität die modernen Lebensverhältnisse artikulieren, so wie sie sich bruchstückhaft in ihrem ganz privaten Bewußtsein reflektieren. Symbolische Dichtung setzt ein Vertrauen in allgemeine Bedeutungen voraus. Dieses scheint aus der zeitgenössischen Lyrik gänzlich verschwunden zu sein. Der vorerst letzte Vertreter der traditionellen, sinnvermittelnden Bildersprache ist mit Peter Huchel dahingegangen, den man neben Celan wohl als den bedeutendsten deutschen Lyriker der zweiten Jahrhunderthälfte ansehen darf. Wie Celan hatte auch er einen eigenen Bildwortschatz, nur war der seine nicht hermetisch chiffriert, sondern noch an der klassischen Tradition der symbolischen Verdichtung orientiert. Im folgenden Gedicht werden, ähnlich wie in Goethes *Faust II*, zwei Kultur- und Lebensräume, der klassisch mediterrane und der nordisch-deutsche, miteinander kontrastiert, wobei der nordische deutlich die Züge von Huchels brandenburgischer Heimat trägt.

Ölbaum und Weide

Im schroffen Anstieg brüchiger Terrassen
dort oben der Ölbaum,
am Mauerrand
der Geist der Steine,
noch immer
die leichte Brandung
von grauem Silber in der Luft,
wenn Wind die blasse Unterseite
des Laubs nach oben kehrt.

Der Abend wirft sein Fangnetz ins Gezweig.
Die Urne aus Licht
versinkt im Meer.
Es ankern Schatten in der Bucht.

Sie kommen wieder, verschwimmend im Nebel,
durchtränkt
vom Schilfdunst märkischer Wiesen,
die wendischen Weidenmütter,
die warzigen Alten
mit klaffender Brust,
am Rand der Teiche,
der dunkeläugig verschlossenen Wasser,
die Füße in die Erde grabend,
die mein Gedächtnis ist.

Logopoeia: das Wort als Begriff

Unendlich viel größer als der lautliche und der bildhaft-evokative Bereich der Sprache ist die in ihr sich ausdrük-kende Gedankenwelt. Angefangen mit dem Regelsystem der Grammatik über die Denkgesetze der Logik bis hin zu den abstrakten Begriffsinhalten tut sich ein weiter Bereich einer nichtsinnlich wahrnehmbaren Wirklichkeit auf, der mit der Sprache untrennbar verbunden ist und deshalb genauso in ein Gedicht eingearbeitet wird wie die sinnlichen Reize des Klangs und der vorgestellten Bilderwelt. Von den Ausdrucksmitteln dieses Bereichs können hier nur solche betrachtet werden, die zum Standardrepertoire der Dicht-kunst gehören.

Das elementarste logopoetische Ausdrucksmittel ist die Syntax, die Anordnung der Wörter im Satz gemäß den grammatischen Regeln. Da diese Regeln ein hohes Maß an Variation zulassen, hat der Dichter die Möglichkeit, den Satzbau auch zum Vehikel einer Aussage zu machen. Nur dies wollen wir hier als Ausdrucksmittel gelten lassen und die vielen rhetorischen Kunstgriffe, die nur der Dekoration oder der Verlebendigung des Textes dienen, als Formalisierungsmittel außer acht lassen. Dazu gehören Figuren mit exotischen Namen wie Ellipse, Syllepse, Zeugma, Anakoluth, Apokoinu, Enallage und Hyperbaton. In der Syntax lassen sich zwei Stiltendenzen unterscheiden, der *parataktische* Stil, der einfache, nebengeordnete Sätze bevorzugt, und der *hypotaktische* Stil, der aus über- und untergeordneten Sätzen spannungsreiche, oft schwer zu verstehende, aber eben darum besonders ausdrucksvolle Satzgefüge baut. Wie wirkungsvoll karge, parataktische Sätze sein können, hat Hemingway mit seinem oft kopierten Stil bewiesen, während die Möglichkeiten des hypotaktischen Stils niemand besser genutzt hat als Heinrich von Kleist. Ihm gelingt es oft, das, was er auf der semantischen Ebene sagt, noch ein zweites Mal auf der Ebene der Syntax abzubilden. In dem folgenden Beispiel kann der Leser am Fluß des Satzes genau ablesen, wie Kohlhaas zunächst wutentbrannt losreitet, dann langsamer wird, zu überlegen beginnt, schließlich kehrtmacht und nun in erneuter Steigerung einen sich immer mehr verfestigenden Entschluß faßt:

> Spornstreichs auf dem Wege nach Dresden war er schon, als er, bei dem Gedanken an den Knecht, und an die Klage, die man auf der Burg gegen ihn führte, schrittweis zu reiten anfing, sein Pferd, ehe er noch tausend Schritte gemacht hatte, wieder wandte, und zur vorgängigen Vernehmung des Knechts, wie es ihm klug und gerecht schien, nach Kohlhaasenbrück einbog. Denn ein richtiges, mit der gebrechlichen Einrichtung der Welt schon bekanntes Gefühl machte ihn, trotz der erlittenen Beleidigungen, geneigt, falls nur wirklich dem Knecht, wie der Schloßvogt behauptete, eine Art von Schuld beizumessen sei, den Verlust der Pferde, als eine gerechte Folge davon, zu verschmerzen. Dagegen sagte ihm ein ebenso vortreffliches Gefühl, und dies Gefühl faßte tiefere und tiefere Wurzeln, in dem Maße, als er weiter ritt, und überall, wo er einkehrte, von den Ungerechtigkeiten hörte, die täglich auf der Tronkenburg gegen die Reisenden verübt wurden: daß wenn der ganze Vorfall, wie es allen Anschein habe, bloß abgekartet sein sollte, er mit seinen Kräften der Welt in der Pflicht verfallen sei, sich Genugtuung für die erlittene Kränkung, und Sicherheit für zukünftige seinen Mitbürgern zu verschaffen.

Ein anderer Geniestreich hypotaktischen Stils ist Kafkas nur aus zwei Sätzen bestehendes Prosastück »Auf der Galerie«. Solche stilistischen Kunststücke sind in der Lyrik sehr viel schwieriger, da die Syntax mit der Klang- und Bildebene des Gedichts in Einklang gebracht und meist noch ein Metrum und ein Reimschema berücksichtigt werden muß. Aber das Shakespeare-Sonett, das wir im zweiten Teil dieses Buches (S. 141–145) betrachten werden, zeigt, wie auch hier die Syntax als Ausdrucksmittel eingesetzt werden kann.
Ein anderes logopoetisches Ausdrucksmittel ist das der Stei-

gerung (Klimax), das wir bereits in der letzten Zeile von Góngoras Sonett (S. 18) kennengelernt haben. Auch größere thematische Einheiten können so angeordnet werden, daß das Gedicht in einer stetigen Crescendo-Bewegung auf einen Höhepunkt zustrebt. In Shelleys »Ode an den Westwind«, die wir ebenfalls im zweiten Teil (S. 104–112) untersuchen werden, finden wir ein eindrucksvolles Beispiel dafür. Desgleichen werden wir bei der noch zu betrachtenden Form des Sonetts sehen, wie die Antithese zwischen Aufgesang und Abgesang zu einem logopoetischen Ausdrucksmittel werden kann. In einem der schönsten philosophischen Gedichte in deutscher Sprache, in Schillers »Das Ideal und das Leben«, folgt auf eine Exposition des Problems eine Sequenz von Strophen, von denen die eine immer mit »wenn«, die andere mit »aber« beginnt, bis am Schluß eine mit »bis« eingeleitete Strophe die Synthese des dialektisch entfalteten Problems verkündet.

Alle rhetorischen Kunstgriffe, die für den geschickten Aufbau eines Arguments in einer Rede oder einem Essay verwendet werden können, eignen sich grundsätzlich auch im Gedicht dazu, einen Gedanken wirkungsvoll auszudrücken oder der Entwicklung eines Arguments eine ästhetisch reizvolle *Struktur* zu geben. Die melo- und phanopoetischen Ausdrucksmittel dienen vor allem dazu, das Gedicht im Detail mit einer lebendigen *Textur* von großer Dichte zu versehen. Deshalb lassen sie sich auch eher zu einem Repertoire standardisierter Kunstgriffe zusammenfassen. Die logopoetischen Ausdrucksmittel dagegen werden meist zum Aufbau der größeren Strukturen eingesetzt. Da jedes Gedicht entsprechend seiner Thematik eine eigene logische Struktur verlangt, lassen sich die dafür bereitstehenden Ausdrucksmittel nicht so leicht systematisieren. Textur und Struktur sind zwei Begriffe, die sich für die Gedichtinterpretation als nützlich erweisen, da der eine den Blick auf die Durchformung im Detail und der andere ihn auf die Makrostruktur des ganzen Gedichts lenkt. Beide Aspekte werden wir im zweiten Teil des Buches an Beispielen untersuchen.

Gedichtformen

Germanische Formen

In einer Anthologie moderner Lyrik sind Gedichte, die eine der strengen traditionellen Formen erkennen lassen, die Ausnahme. Bis in die erste Hälfte dieses Jahrhunderts dagegen war es genau umgekehrt. Von der Antike bis zum Ausklang der Romantik hatte sich ein Repertoire an festen Gedichtformen herausgebildet, denen zu folgen für die Dichter fast eine Selbstverständlichkeit war. Nach ihrer Herkunft lassen sich diese Formen in drei Gruppen zusammenfassen: die germanischen, die klassischen und die romanischen Formen.

Von den *germanischen* Formen haben sich drei bis heute erhalten: der Spruch, das Lied und die Ballade. Der *Spruch* ist ein knappes Gedicht, das höchste Prägnanz und Dichte anstrebt. Dabei kann es sich um eine enigmatische Beschwörungsformel wie im Falle der Zaubersprüche handeln, es kann aber auch eine präzise didaktische Aussage sein, die an den Verstand appelliert. Da der Spruch nur durch seine Kürze und ansonsten durch keine feste Form charakterisiert ist, brauchen wir ihn nicht im einzelnen zu betrachten. Es sei aber daran erinnert, daß er unter dem Einfluß Brechts und seiner Nachfolger zu einer der wichtigsten Formen der politischen Lyrik wurde. Erich Frieds Gedichte stehen formal fast alle in der Tradition der Spruchdichtung.

Die meistgebrauchte Gedichtform in der deutschen Lyrik ist ohne Zweifel das *Lied*. Sein charakteristisches Merkmal ist seine Gliederung in eine beliebige Anzahl gleichgebauter Strophen. Die Zeilenzahl der einzelnen Strophentypen reicht von zwei bis neun und darüber. Die Dichter der barocken Kirchenlieder liebten vor allem die sechszeilige Strophe wie in Paul Gerhardts »Nun ruhen alle Wälder«, dessen Form noch Mathias Claudius in seinem Abendlied übernimmt. Aber auch die achtzeilige Strophe wie in Gerhardts »O Haupt voll Blut und Wunden« und die neunzeilige in Luthers »Ein feste Burg ist unser Gott« sind öfters anzutreffen. In der Romantik setzte sich dann die vierzeilige Volksliedstrophe als die Standardstrophe der deutschen Lyrik durch. Ihre Zeilen sind vierhebig, dreihebig oder alternierend vier- und dreihebig. Das Reimschema ist gewöhnlich abab oder abcb. Der große Vorzug des Liedes ist seine formale Flexibilität. Es zwängt das Gedicht nicht in das Korsett einer fest vorgeschriebenen Zeilenzahl und bewirkt dennoch eine sehr feste, auf den ersten Blick erkennbare Formalisierung, die vor allem bei Gesangstexten das Auswendiglernen sehr leicht macht. Sein Nachteil ist das bloß additive Prinzip der Aneinanderreihung von Strophen. Darin liegt für den Dichter die Versuchung, seinem Pegasus allzusehr die Zügel schießen zu lassen, so daß sein Gedicht, das großartig begonnen haben mag, mit jeder weiteren überflüssigen Strophe an Kraft verliert. Paul Gerhardts bekanntes Lied »Geh aus mein Herz und suche Freud« ist als Ausdruck naiver Freude an der Schönheit der Schöpfung ein sehr anschauliches Gedicht, das den Duft einer taufrischen Sommerlandschaft vermittelt; und doch wäre die Essenz dieses Duftes sicher noch stärker, wenn sie nicht über 15 Strophen gestreckt würde. Manche Dichter, so z. B. Eichendorff, hatten ein untrügliches Gefühl dafür, wie weit der Liedton eine poetische Empfindung tragen konnte, und so sind sie selten über eine Strophenzahl von sechs bis acht hinausgegangen. Andere, z. B. Brentano, haben oft einen großartigen Anfang durch viele Strophen hindurch so sehr verdünnt, daß in der Erinnerung des Lesers dann nur noch der Titel zurückbleibt (Beispiel: Brentanos »Frühlingsschrei eines Knechtes aus der Tiefe«). Es hat sicher auch etwas mit der Länge zu tun, daß Heines »Loreley« mit ihren sechs Strophen in alle Anthologien eingegangen ist, während man von den 26 Strophen der »Lureley« Brentanos nur noch den Titel kennt. Allerdings darf hier nicht verschwiegen werden, daß Brentanos Gedicht schon der nächsten, hier zu betrachtenden Form, der Ballade, angehört und damit anderen formalen Gesetzen folgt.

Die *Ballade* nimmt eine Zwischenstellung zwischen Lyrik und Epik ein. Einerseits bedient sie sich der gleichen Formalisierungs- und Ausdrucksmittel wie die Lyrik, andererseits drückt sie keine subjektiven Bewußtseinsinhalte aus, sondern erzählt in gedrängter Form eine Geschichte. Wie in der Liedform die Tradition des Volksliedes weiterwirkt, so in der Balladenform die der Volksballade. Obwohl Schiller eine von dieser Tradition unabhängige Form der Kunstballade geschaffen hat, folgt der Mehrzahl der in den Anthologien vertretenen Balladen dem Muster der Volksballade. Zur Entdeckung der Volksdichtung als einer ernstzunehmenden Kunst kam es zuerst in England im 18. Jahrhundert. Deshalb wurde die Standardstrophe der englisch-schottischen Volksballade, die nach einer der bekanntesten Balladen so benannte *Chevy-Chase-Strophe*, auch von deutschen Dichtern übernommen. Fontane verwendet sie z. B. in »Archibald Douglas«:

> Ich hab es getragen sieben Jahr,
> Und ich kann es nicht tragen mehr!
> Wo immer die Welt am schönsten war,
> Da war sie öd und leer.

Als dann im 19. Jahrhundert die Ballade zur beliebtesten Form für vaterländische, entweder historisierende oder patriotisch motivierende Inhalte wurde, griff man in Ermangelung einer echtdeutschen Balladenstrophe auch auf die *Nibelungenstrophe* zurück, wie z. B. Uhland in »Des Sängers Fluch«:

> Es stand in alten Zeiten ein Schloß, so hoch und hehr,
> Weit glänzt' es über die Lande bis an das blaue Meer,
> Und rings von duftgen Gärten ein blütenreicher Kranz,
> Drin sprangen frische Brunnen in Regenbogenglanz.

Nach Inhalt und Grundton lassen sich die Balladen grob in vier Klassen einteilen:
1. die Schauerballade, die das Übernatürliche und Numi-

nose beschwört (Bürgers »Lenore« und Goethes »Erlkönig«)
2. die Ideenballade, die ein moralisches oder metaphysi-
sches Problem exemplifiziert (Schillers »Die Kraniche
des Ibykus« und Goethes »Der Gott und die Bajadere«)
3. die Geschichtsballade, die einen historischen oder sagen-
haften Stoff gestaltet (Chamissos »Die Weiber von Wins-
perg«)
4. die realistisch-naturalistische Ballade, die ein Ereignis aus
der Gegenwart moralisierend oder sozialkritisch darstellt
(Fonantes »John Maynard«).

Obwohl die Ballade wegen ihrer moralisierenden Tendenz
und ihrem Hang zur patriotischen Deutschtümelei die vermutlich am häufigsten parodierte lyrische Form ist, hat sie
bis heute nichts von ihrer Beliebtheit verloren. Nach dem
Vorbild Brechts wurde sie nach dem Kriege von Stephan
Hermlin, Volker von Törne und vielen anderen verwendet,
allerdings nur in der vierten Variante als Gefäß bitter-
sarkastischer oder satirisch-ironischer Zeitkritik.

Antike Formen

Auch von den Gedichtformen der klassischen Antike haben
sich nur drei bis in die neuere Zeit erhalten: das Epigramm,
die Ode und die Elegie.
Das *Epigramm* ist das antike Gegenstück zum germanischen
Spruch. Seine standardisierte Form ist die des Distichons:
ein Zweizeiler, bestehend aus einem Hexameter und einem
Pentameter. Goethe und Schiller haben die Form in den
»Xenien« verwendet. Eins davon dient oft als Merkvers für
die beiden Versformen:

Im Hexameter steigt des Springquells flüssige Säule,
    Im Pentameter drauf fällt sie melodisch herab.

Die *Ode* ist ein ernstes, weihevolles Gedicht, das gewöhnlich an einen Adressaten – einen Helden, einen Gott, das Vaterland oder die Vaterstadt – gerichtet war und sich in strenger Form mit allgemeinmenschlichen Dingen auseinandersetzte. In späterer Zeit wurde von der antiken Ode oft nur der feierliche Ton übernommen. Klopstock, Hölderlin und andere haben aber auch ihre strengen Strophenformen wiederbelebt. Die drei Hauptformen sollen hier kurz vorgestellt werden, obwohl es nicht sonderlich wichtig ist, sie unterscheiden zu können:

1. die alkäische Ode

> Nur Einen Sommer gönnt, ihr Gewaltigen!
> Und einen Herbst zu reifem Gesange mir,
> Daß williger mein Herz, vom süßen
> Spiele gesättiget, dann mir sterbe.

(Aus: Hölderlin, »An die Parzen«)

2. die asklepiadeische Ode

> Schön ist, Mutter Natur, deiner Erfindung Pracht
> Auf die Fluren verstreut, schöner ein froh Gesicht,
> Das den großen Gedanken
> Deiner Schöpfung noch *einmal* denkt.

(Aus: Klopstock, »Der Zürchersee«)

3. die sapphische Ode

> Heilige Unschuld, du der Menschen und der
> Götter liebste, vertrauteste! du magst im
> Hause oder draußen ihnen zu Füßen
> Sitzen, den Alten;

(Aus: Hölderlin, »Unter den Alpen gesungen«)

Während in den ersten beiden Beispielen die deutsche Sprache sich noch einigermaßen willig in das formale Prokrustesbett schmiegt, zeigt das dritte Beispiel, daß der poetische Reiz eines Gedichts durch die allzu gewaltsame Formalisierung eher zerstört als bestärkt wird.

Auch von der *Elegie*, der antiken Form des Trauer- und Klagegedichts, wurde später meist nur der klagende Ton übernommen. Nur wenige haben, wie Schiller in »Nänie«, auch das elegische Metrum, das schon erwähnte Distichon, nachgebildet. Die berühmtesten Beispiele aus diesem Jahrhundert sind Rilkes »Duineser Elegien«, die die Grundhaltung der Klage zu der einer allgemeinen meditativen Inbrunst ausweiten.

Als vierte antike Form wäre noch die *Hymne* zu nennen. Da sie aber in keiner festen Form überliefert ist, haben spätere Dichter auch von ihr nur den hymnischen Ton übernommen, wie er uns aus Goethes frühen Hymnen vertraut ist. Dieser Ton ist freilich so universal, daß er sich auch ohne antiken Einfluß hätte ausbilden können, wie sich übrigens auch der elegische Ton in den altenglischen Elegien ohne jenen Einfluß ausgebildet hat.

Romanische Formen

Da in den romanischen Sprachen die Reimfindung besonders leicht ist, konnten sich dort Gedichtformen mit sehr komplizierten Reimschemata entwickeln. Viele dieser Formen sind auch im Deutschen nachgebildet worden, aber es blieb doch meist bei kunstfertigen Fingerübungen. Rondeau, Rondel, Triolett, Villanella und Sestine sind in deutschen Anthologien so selten vertreten, daß man sich ihre Formen kaum merken muß. Die Sestine ist vermutlich die schwierigste Form überhaupt, da sie aus sechs sechszeiligen Strophen besteht, in denen die Reimwörter der ersten Strophe nach einem strengen Permutationssystem fünfmal identisch wiederholt werden. Das Gedicht schließt mit einer dreizeiligen siebten Strophe, die die Reimwörter ein letztes Mal wiederholt, drei davon in der Mitte und drei am Ende der Zeilen. Bei barocken Dichtern wie Opitz und Weckherlin, die die spielerische Seite der Dichtkunst besonders betonten, und auch bei formbewußten Spätromantikern wie Friedrich Rückert findet man Beispiele für die Sestine. Aber der Aufwand an Kunstfertigkeit entspricht dabei selten dem dichterischen Ertrag.

Nur zwei romanische Gedichtformen spielen in der deutschen Lyrik eine Rolle: die Romanze und das Sonett. Die spanische *Romanze* wurde schon im 18. Jahrhundert durch Gleim in die deutsche Dichtung eingeführt. Herder verhalf ihr durch seine Übersetzung des spanischen *Cid* zu weiterer Verbreitung, und die Romantiker machten regen Gebrauch von ihr. Wirklich populär aber wurde sie erst, als Heine ihr den satirisch-parodistischen Ton gab, den wohl die meisten Lyrikleser seitdem mit dieser Gedichtform verbinden. Hier ein Beispiel aus dem »Atta Troll«:

> Mancher tugendhafte Bürger
> Duftet schlecht auf Erden, während
> Fürstenknechte mit Lavendel
> Oder Ambra parfümiert sind.
>
> Jungfräuliche Seelen gibt es,
> Die nach grüner Seife riechen,
> Und das Laster hat zuweilen
> Sich mit Rosenöl gewaschen.
>
> Darum rümpfet nicht die Nase,
> Teurer Leser, wenn die Höhle
> Atta Trolls dich nicht erinnert
> An Arabiens Spezereien.

Der charakteristische Effekt dieser Strophenform beruht darauf, daß einerseits das trochäische Metrum der vierhebigen Zeilen extrem glatt und regelmäßig ist, während andererseits durch das Fehlen des Reims eine penetrante Überformalisierung vermieden wird. An die Stelle des Reims tritt in der Romanze gewöhnlich die Assonanz, d. h. der bloß vokalische Gleichklang der Versenden von der letzten Hebung an, und zwar in der zweiten und vierten Zeile. Die Assonanz kann aber auch fehlen oder durch einen echten Reim ersetzt werden. Bei Heine findet man alle drei Möglichkeiten. In den drei zitierten Strophen verwendet er weder Reim noch Assonanz, und doch wirken sie so fest formalisiert, daß der Leser nach der Lektüre in der Erinnerung vermutlich das Gefühl haben wird, ein gereimtes Gedicht gelesen zu haben.

Ehe wir uns dem Sonett zuwenden, sollte als dritte romanische Form vielleicht noch das *Madrigal* kurz erwähnt werden. Es entstand als Hirtenlied in Italien, wo es sich bereits im 14. Jahrhundert zu einem Kunstlied entwickelte. Im Barock, in der Zeit der Anakreontik und noch in der Romantik war es auch in der deutschen Lyrik weitverbreitet. Da man über seine Form aber kaum mehr sagen kann, als daß sie zwischen 4 und ca. 20 Zeilen von unterschiedlichem Metrum und wechselnder Länge umfaßt, läßt sich fast jedes locker gefügte, nicht strophisch gegliederte Gedicht als Madrigal bezeichnen, womit der Name als Formbegriff wertlos wird.

Das Sonett

Die mit Abstand wichtigste romanische Gedichtform ist das Sonett. Entstanden in Sizilien im 13. Jahrhundert, durch Petrarca zu höchster Vollkommenheit gebracht, verbreitete es sich im 16. Jahrhundert über ganz Europa und ist bis heute die meistgebrauchte der strengen Gedichtformen geblieben. Das italienische Sonett besteht aus 14 Zeilen vom Typ des *endecasillabo* (Elfsilber), der im Deutschen und Englischen gewöhnlich durch einen fünfhebigen Jambus ersetzt wird. Die 14 Zeilen gliedern sich in zwei Quartette, den sog. Aufgesang, und zwei Terzette, den Abgesang. Das Reimschema in der strengen italienischen Form ist

abba   abba   cdc   dcd

Das bedeutet, daß im Aufgesang zweimal je vier und im Abgesang zweimal je drei Wörter auf einen Reim gefunden werden mußten. Im Italienischen mit seinen vielen Endungen auf -ano, -ato, -ino usw. stellte das kein Problem dar, in den germanischen Sprachen dagegen war dies sehr viel schwerer. Deshalb haben die Engländer das Reimschema schon sehr früh vereinfacht. Shakespeare und seine Zeitgenossen entwickelten eine Sonettform mit folgendem Reimschema:

abab   cdcd   efef   gg

Dadurch veränderte sich die gesamte Struktur des Sonetts. Statt einer Oktave (zwei Quartette) als Aufgesang und einem Sextett (zwei Terzette) als Abgesang hat das *Shakespearean sonnet* drei Quartette und ein abschließendes Reimpaar, das sog. *couplet*.

Die Bezeichnungen Aufgesang und Abgesang legen bereits nahe, daß sich die beiden Teile des Sonetts in einem Spannungsverhältnis befinden. In vielen Sonetten stellt sich diese Spannung als klare Antithese dar, z. B. so, daß der Aufgesang ein Argument entwickelt, das im Abgesang attackiert und widerlegt wird. Das Verhältnis kann aber auch so aussehen, daß die These des Aufgesangs nicht widerlegt, sondern nur erläutert und kommentiert wird; oder der Aufgesang stellt einen komplizierten Vergleich an, der im Abgesang explizit gedeutet wird. Wie immer das Verhältnis der beiden Teile inhaltlich begründet sein mag, stets ist zwischen beiden eine deutliche Zäsur spürbar. Dieser Drehpunkt macht den intellektuellen Reiz des Sonetts aus; denn er zwingt den Dichter, ein Argument, ein Bild oder einen Vergleich so zuzuspitzen, daß der Gedankenstrom über die Zäsur hinweggeführt wird und dabei dennoch eine andere Richtung erhält. Im englischen Sonett ist die Hauptzäsur ans Ende des dritten Quartetts verlegt. Aber die meisten Sonette, zumal die von Shakespeare, weisen auch da, wo das italienische Sonett die Zäsur hat, eine deutlich spürbare Schwelle auf, was oft schon daran zu erkennen ist, daß das dritte Quartett mit einem »but«, »yet« oder einer anderen entgegensetzenden Konjunktion beginnt. Diese Form erhält dadurch eine dreigliedrige Struktur, die von den Dichtern in der Regel auch voll zur Wirkung gebracht wird, z. B. so, daß die beiden ersten Quartette eine These entwickeln, das dritte eine Gegenthese aufstellt und das *couplet* ein abschließendes Fazit zieht.

Die deutsche Lyrik, die zur Blütezeit des Sonetts um 1600 selber nicht in Blüte stand, hat zunächst die französische Form des italienischen Sonetts übernommen, die das strenge Reimschema beibehielt. Zugleich aber übernahm sie das französische Versmaß des Alexandriners. Darunter versteht man einen sechshebigen Jambus mit einer scharfen Zäsur nach der dritten Hebung. Die Übernahme dieses Verses war ein folgenschwerer Mißgriff der deutschen Barockdichter. Im Französischen ist der Alexandriner ein sehr klangvoller, schön ausschwingender Vers. Da französische Wörter am Ende betont werden, stellte die Zäsur in der Mitte der Zeile keinen trennenden Graben, sondern nur eine kleine Schwelle dar, die ein kurzes *ritardando* des Sprachflusses bewirkte. Im Deutschen dagegen werden die Wörter auf der Anfangssilbe betont. Wenn also die Zäsur nach der dritten Hebung liegen soll, muß diese in der Regel ein einsilbiges Wort sein, und es muß, damit es auch wirklich betont wird, vom folgenden klar abgetrennt sein. Dieser Sachverhalt bewirkt, daß die deutsche Alexandrinerdichtung auf eine störende Weise kurzatmig ist. Jede Zeile wird in zwei dreihebige Hälften zerhackt, und wenn man 28 solcher Hälften hintereinander gelesen hat, sehnt man sich nach einem langen Satz, der über das Zeilenende hinausschwingt und durch Enjambement in die nächste Zeile hinübergeführt wird. Die eindrucksvollsten, sprachlich schönsten Sonette von Andreas Gryphius, dem bedeutendsten deutschen Barockdichter, werden oft durch das monotone Stakkato des Alexandriners um ihre Wirkung gebracht. Eines dieser Sonette wollen wir in der zweiten Hälfte dieses Buches mit einem englischen vergleichen (S. 121–126). Um das Manko des deut-

schen Alexandriners zu zeigen, wählen wir hier eine Strophe
aus einem von Martin Opitz übersetzten Sonett des berühmtesten französischen Dichters seiner Zeit, Pierre de Ronsard.
Der Vergleich mit dem Original wird zeigen, wie der weiche
Fluß des französischen Alexandriners im Deutschen zu
einem harten, sehr unmelodiösen Rattern wird.

Pierre de Ronsard

Chacun me dit, Ronsard, ta maistresse n'est telle
Comme tu la descris. Certes je n'en sçay rien:
Je suis devenu fol, mon esprit n'est plus mien,
Je ne puis discerner la laide de la belle.

Martin Opitz

Ein jeder spricht zu mir, dein Lieb ist nicht dergleichen,
Wie du sie zwar beschreibst: ich weiß es wahrlich nicht,
Ich bin fast nicht mehr klug; der scharffen Sinnen Liecht
Vermag gar kaum was weiß und schwartz ist zu erreichen.

Ronsard, der den Alexandriner zum Standardvers des französischen Sonetts machte, hat auch Sonette in dem früher
üblichen Zehnsilber geschrieben, dessen deutsche Entsprechung der fünfhebige Jambus gewesen wäre. Dennoch hat
Opitz auch diese Sonette im Alexandriner übersetzt. Die
Vorliebe der deutschen Barockdichter für diesen Vers ist
dadurch zu erklären, daß die Zweigliedrigkeit mit der Zäsur
in der Mitte sich in besonderem Maß dazu eignete, die
charakteristische Denkfigur des Barock, die Antithese, zum
Ausdruck zu bringen. Diese Figur, die in der dualistischen
Philosophie Descartes' ihre metaphysische Ausformung
erfuhr, hat das Denken des Barock so sehr beherrscht, daß
die Dichter ihr nicht nur den sprachlichen Wohlklang opfer-
ten, sondern sich auch der Möglichkeit des Ausdrucks komplexer gedanklicher Strukturen begaben, wie sie der größte

metaphysical poet der Engländer, John Donne, den man im europäischen Kontext als Barockdichter bezeichnen darf, so meisterhaft gestaltet hat. Ein Vergleich mit Gryphius wird dies später noch zeigen.

Das Sonett hat bis heute nichts von seinem Reiz verloren, der in seiner charakteristischen Verbindung des Sinnlich-Poetischen mit dem Gedanklich-Reflektierenden liegt. Zwar wird es inzwischen seltener und oft in sehr freier, z. T. reimloser Form gebraucht, aber noch Josef Weinheber, der Hauptvertreter des lyrischen Neuklassizismus in diesem Jahrhundert, schrieb in altmeisterlicher Manier ganze Sonettenkränze, das sind Folgen von 15 Sonetten, von denen jedes folgende mit der Schlußzeile des vorhergehenden beginnt, während das 15. Sonett alle Anfangszeilen noch einmal nacheinander wiederholt.

Sprachliche Komik

Unzählige Gedichte wurden und werden zu keinem anderen Zweck geschrieben, als den Leser für einen Augenblick zum Schmunzeln, Lächeln oder Lachen zu bringen. Da diese Wirkung nur dann eintritt, wenn der Leser spontan auf die Komik des Textes reagiert, bedürfen solche Gedichte keiner Interpretation. Im Gegenteil, diese würde die komische Wirkung viel eher verhindern, so wie jeder Witz aufhört, witzig zu sein, wenn jemand anfängt, ihn zu erklären. Dennoch ist es für den neugierigen Leser von intellektuellem Reiz, die Machart eines komischen Textes zu durchschauen.

Kant definierte das Lachen als »die Auflösung einer gespannten Erwartung in nichts«. Dies ist immer noch die kürzeste und treffendste Beschreibung dessen, was physiologisch den Ablauf unserer Reaktion auf Komik ausmacht. Sie beginnt damit, daß sich in uns eine psychische Spannung aufbaut, wenn wir auf das Eintreten eines ungewissen, aber doch irgendwie vermuteten Ereignisses warten. Wird diese Erwartung dann auf eine unerwartete Weise erfüllt, entlädt sich die Spannung in befreiendem Gelächter. Voraussetzung ist allerdings, daß sich die Spannung »in nichts« auflöst, d. h., es darf weder Schmerz noch Trauer, noch eine den Geist erhebende Erkenntnis übrigbleiben. Nur dann werden wir vom Gipfel der Spannung auf die Nullebene der völligen Entspannung zurückfallen und den Lachreiz verspüren. Dieser psychische Mechanismus, der in der Komödie kunstvoll in Handlung umgesetzt wird, liegt auch allen komischen Effekten auf der sprachlichen Ebene zugrunde.

Die einfachste Form, eine gespannte Erwartung zu erzeugen und sie auf unerwartete Weise zu lösen, ist das Wortspiel. Ein Wort, das zwei oder mehr Bedeutungen hat, kann so verwendet werden, daß der Leser zunächst eine Bedeutung erwartet, die die nächstliegende zu sein scheint. Wenn er dann merkt, daß eine andere gemeint ist, reagiert er je nach dem Grad der Überraschung mit Schmunzeln oder Gelächter. Diese Reaktion tritt aber nur dann ein, wenn der Leser durch einen Kunstgriff des Textes und nicht durch ein eigenes Mißverständnis auf die falsche Fährte gelockt wurde, da er sich sonst seines Mangels an Bildung oder an Geistesgegenwart schämen müßte. Am spontansten ist die Reaktion, das Lachen, in der Regel dann, wenn das Durchschauen unmittelbar auf die Täuschung folgt, weil der Leser dann die zusätzliche Befriedigung hat, daß er sich nicht hat hinters Licht führen lassen. Im Deutschen sind Wortspiele verhältnismäßig selten, da es nicht allzu viele mehrdeutige Wörter gibt. Im Englischen dagegen ist das *punning* ein nationaler Volkssport; denn hier gibt es unzählige, meist einsilbige Wörter, in denen mehrere, ursprünglich ganz verschiedene Wörter durch den sprachgeschichtlichen Wegfall der Endsilben zusammengefallen sind. So kann z. B. das Wort, das soul gesprochen wird, *soul* »Seele«, *sole* »Sohle«, *sole* »Seezunge«, *sole* »einzig« bedeuten. Daraus kann sich leicht ein Wortwechsel wie dieser ergeben:

»You have no soul.« – »I've got two soles ... under my feet.«
»That's the sole sort of soul you've got.«

Ein besonders geistreicher Gesprächspartner könnte sicher auch noch die Seezunge in dem Dialog unterbringen. In der englischen Dichtung von Shakespeare bis zur Gegenwart begegnet man solchen *puns* auf Schritt und Tritt, ebenso in Zeitungen und politischen Reden. Ein englischer Politiker sagte einmal: »Nato reminds me of the Venus of Milo: much SHAPE, but no arms.« SHAPE ist die Abkürzung für das Nato-Hauptquartier in Paris, bedeutet aber zugleich soviel wie »gute Figur« und *arms* heißt sowohl »Arme« wie auch »Waffen«. Unseren deutschen Politikern verwehrt es die Sprache, sich auf so geistreiche Weise zu profilieren.

Limerick

Als Inbegriff sprachlicher Komik gilt allgemein der englische Limerick. Seine Mechanik läßt sich in den meisten Fällen einem der folgenden Typen zuordnen, die wir gleich mit je einem Beispiel illustrieren wollen:

1. Die überraschende Situation:

> There was a young man of Bengal
> Who went to a fancy-dress ball.
> > He went just for fun
> > Dressed up as a bun,
> And a dog ate him up in the hall.

Hier wird nur sprachlich ausgedrückt, was der Leser sich als szenische Situationskomik vorstellen soll, wobei die Sprache den Vorzug hat, daß sie auch unmögliche Situationen evozieren kann.

2. Die überraschende Bedeutung:

> There was a young girl of West Ham,
> Who smiled as she jumped on a tram;
> > As she quickly embarked
> > The conductor remarked,
> »Your fare, Miss.« She said, »Yes, I am.«

Das Mädchen wird aufgefordert, den Fahrpreis zu entrichten: »Your fare«. Sie reagiert aber auf den lautlich identischen Satz: »You're fair« = Du bist hübsch (oder blond oder fair). Es handelt sich also um den schon besprochenen Mechanismus des Wortspiels.

3. Die überraschende grammatische Verknüpfung:

> There was a young lady from Riga
> Who smiled as she rode on a tiger,
> > But after the ride
> > Her place was inside
> And the smile on the face of the tiger.

Die Komik dieses wohl bekanntesten englischen Limericks beruht darauf, daß ein makabres Geschehen in die witzige Form des Zeugmas gekleidet wird. Das ist eine rhetorische Figur, bei der zwei Objekte oder, wie in unserem Fall, Subjekte auf das gleiche Prädikat bezogen werden, obwohl sie zu diesem eine unterschiedliche semantische Beziehung haben. Ein anderes Beispiel: »Erst schlug er alle Fensterscheiben und dann den Weg zum Bahnhof ein.«

4. Der überraschende Absturz vom Erhabenen ins Lächerliche:

Curt Peiser: Ein Knabe aus Tehuantepec,
> Der lief auf der Bahn seiner Tante weg,
> > Sie lief hinterher,
> > Denn sie liebte ihn sehr,
> Und außerdem trug er ihr Handgepäck.

68

Im Englischen wird dieser plötzliche Absturz ins Banale, der unfreiwillige ebenso wie der geplante, mit dem von Alexander Pope geprägten Begriff *Bathos* bezeichnet. Das griechische Wort bedeutet Höhe oder Tiefe. Entscheidend für die Wahl des Wortes war aber wohl der lautliche Kontrast zu Pathos, dessen negatives Pendant der Begriff bezeichnet. Seine Übernahme in die deutsche Fachterminologie wäre sicher ein Gewinn.

5. Der überraschende Reim:

> There was a young lady of Tottenham,
> Who'd no manners, or else she'd forgottn'em;
> At tea at the vicar's
> She tore off her knickers
> Because, she explained, she felt 'ot in 'em
> (= hot in them).

Reime von so verwegener Art sind im Deutschen kaum möglich. Der »Knabe aus Tehuantepec« ist so ungefähr das Äußerste, was sich in unserer Sprache machen läßt. Charakteristisch an diesem Limerick ist noch etwas anderes, die Pikanterie. Von der versteckten Anzüglichkeit bis hin zur Obszönität sind im Limerick alle Spielarten des Frivolen vertreten.

6. Das überraschende Schriftbild:

Ogden Nash:
> There was a brave girl of Connecticut
> Who flagged the express with her pecticut
> (= petticoat)
> Which critics defined
> As presence of mind,
> But deplorable absence of ecticut
> (= etiquette).

Diese Technik sprachlicher Komik ist natürlich nur in einer Sprache wie dem Englischen möglich, wo die Wörter anders geschrieben als gesprochen werden.

Die sechs hier unterschiedenen Techniken sprachlicher Komik, denen sich der größte Teil aller Limericks zuordnen läßt, beruhen allesamt auf einem Überraschungseffekt, also auf der unerwarteten Auflösung einer gespannten Erwartung. Daneben gibt es aber komische Techniken, die ihre Wirkung nicht aus der Auflösung, sondern aus der Aufrechterhaltung einer Spannung ziehen. Im Limerick, der ja auf eine Pointe und somit auf Auflösung hin angelegt ist, sind sie nur selten anzutreffen, ansonsten aber in der heiteren Muse weit verbreitet. Die allgemeinste von ihnen ist die Technik der Überformalisierung. Jeder weiß, daß man den banalsten Dingen eine komische Wendung geben kann, wenn man sie gespreizt und hochgestochen ausspricht. Voraussetzung ist allerdings ein so hohes Stilniveau, daß niemand auf die Idee kommt, es könnte ernsthaft gemeint sein. Dadurch entsteht eine Spannung zwischen dem Anspruch des Stilniveaus und der Banalität der Sache, die nicht durch eine überraschende Pointe, sondern durch die Einsicht in den Unernst des stilistischen Anspruchs aufgelöst wird. Da etwas vorgetäuscht wird, handelt es sich hier um eine Form der Ironie. Häufig wird aber die Überformalisierung von vornherein so überdreht, daß der Schein des Ernstes, den Ironie immer voraussetzt, gar nicht erst aufkommt. In solchen Fällen ist eher von Clownerie und Sprachgroteske zu sprechen. Hier ein Beispiel (die erste von drei Strophen):

Hanns von Gumppenberg

Sommermädchenküssetauschelächelbeichte

An der Murmelrieselplauderplätscherquelle
Saß ich sehnsuchtstränentröpfeltrauerbang:
Trat herzu ein Augenblinzeljunggeselle
In verwegnem Hüfteschwingeschlendergang,
Zog mit Schäkerehrfurchtsbittegrußverbeugung
Seinen Federbaumelriesenkrämpenhut –
Gleich verspür' ich Liebeszauberkeimeneigung,
War ihm zitterjubelschauderherzensgut!

Der unbefangene Leser wird dieses Gedicht als reine, spielerisch überdrehte Sprachgroteske lesen. Erst aus einer Anmerkung des Dichters »Nach O. J. Bierbaum und anderen Wortkopplern« erfährt er, daß dahinter eine parodistische Absicht steht. Damit wären wir bei einer weiteren, sehr beliebten Spezialform komischer Gedichte.

Parodie

Auch die Parodie zieht ihre Wirkung aus der entlarvenden Diskrepanz zwischen einer anspruchsvollen Form und einem banalen Inhalt. Ihr Ziel ist aber nicht das befreiende Lachen, das durch die Wahrnehmung des bewußten Unernstes der Diskrepanz ausgelöst wird, sondern das Lächerlichmachen einer von einem anderen Dichter übernommenen Form, die zu diesem Zweck mit einem banalen Inhalt gefüllt wird. Die Parodie kann sich auf ein einzelnes Gedicht, auf den persönlichen Stil eines Dichters oder auf die typischen Gattungsmerkmale einer ganzen Textklasse beziehen. Am häufigsten ist zweifellos die erste Variante. Während bei den beiden anderen Varianten der Parodist seine Absicht irgendwie ankündigen muß, da er sonst Gefahr läuft, für einen Imitator gehalten zu werden, ist die Parodie eines bestimmten Gedichts für jeden, der die Vorlage kennt, als solche erkennbar. Das folgende Beispiel ist ein virtuoses Kabinettstück, das ein bestimmtes Gedicht, nämlich Schillers »Lied von der Glocke«, parodiert und dabei die Mechanik der Überformalisierung auf die Spitze treibt, indem es außerdem noch statt einfacher Reime Schüttelreime verwendet. Noch interessanter als die Frage nach der parodistischen Technik wäre allerdings die nach der Parodierbarkeit einzelner Dichter, der hier leider nicht nachgegangen werden kann. Ganz offensichtlich gibt es Dichter, z. B. Shakespeare, die kaum zu parodieren sind, während andere wie Schiller zur Parodie förmlich einladen.

Sita Steen

Ein Glied von Schillers Locke

Und drinnen waltet die putzsüchtge Hausfrau:
Sie füttert im Stalle die hochfrüchtge Haussau,
die Mutter der Vierpfünder,
mit Futter für vier Münder,
und lebet weise
und webet leise
und lehret die Mädchen
und mehret die Lädchen
und strickelt und webet
und wickelt und strebet,
Gewinne zu mehren,
der Minne zu wehren,
und müht sich ohn' Ende, mit Fleiße zu sticken,
die Strümpfe zu stopfen, die Steiße zu flicken,
und füllet mit Schätzen und hehren Laken
die Schreine, die Truhen, die leeren Haken
und spinnet zum Faden die schimmernde Wolle
und findet zum Spaten die wimmernde Scholle
und nutzet die Kräfte und ganze Glut
und zeigt sich im festlichen Glanze gut –
trotz scheußlichem Harm –
mit häuslichem Charme!

Nonsense-Dichtung

Das Lösen einer gespannten Erwartung – sei es durch einen
Überraschungseffekt, sei es durch Einsicht in eine Inkon-
gruenz – ist gewissermaßen das klassische Reaktionsschema,
das allen traditionellen Formen des Komischen – also der
Komödie, dem Schwank, der Anekdote, dem Witz usw. –
zugrunde liegt. In neuerer Zeit hat sich daneben eine zweite
Form des Komischen etabliert, die Nonsense-Dichtung. Ihr

Mechanismus funktioniert in entgegengesetzter Richtung. Anstelle einer gespannten Erwartung wird hier gerade deren Ausbleiben als Quelle von Komik genutzt. Sie spielt mit dem Leser, indem sie ihn darauf warten läßt, daß seine Erwartung endlich in eine bestimmte Richtung gespannt werde. Diese »ungespannte« Erwartung wird durch eine unsinnige, ganz und gar unlogische Schlußfolgerung enttäuscht, wobei gerade das Ausbleiben der Pointe den Lachreiz bewirkt. Der Leser hat das Gefühl, auf eine verschlossene Tür zuzugehen: doch ehe noch seine Neugier recht geweckt ist, öffnet sich die Tür, und dahinter ist – nichts. Da Nonsense semantische Leere bedeutet, genügt bereits eine »ungespannte« Erwartung, um mit der Auflösung in ein absolutes Nichts einen komischen Effekt zu erzielen. Dazu zwei Beispiele:

Günter Grass

Vergleichsweise

Eine Katze liegt in der Wiese.
Die Wiese ist hundertzehn
mal neunzig Meter groß;
die Katze dagegen ist noch sehr jung.

Gerhard Rühm

wer doch wer

Wer in der sahara
miete zahlt
beweist mut

doch wer mit tomaten
tennis spielt
beschwört sodom

Während der erste Text seine komische Wirkung ganz aus dem Ins-Leere-Laufen der ungespannten Erwartung zieht, funktioniert der zweite nur an der Oberfläche nach diesem Schema. Der Leser wird unschwer erkennen, daß das Gedicht einen doppelten Boden hat. Nach der Logik des gesunden Menschenverstandes müßte die letzte Zeile beider Strophen lauten

> ... ist dumm.

Wenn es statt dessen aber heißt

> beweist mut
>
> bzw. beschwört sodom,

wird beides, heroischer Mut und sittenlose Libertinage, als Dummheit entlarvt. Das Gedicht hat also hinter seiner vermeintlichen Nonsensefassade eine satirisch-moralisierende Tendenz.

Es ist betrüblich, daß der Deutschunterricht an den Schulen immer noch so sehr auf die ernsthafte Lyrik fixiert ist. Dabei eignen sich komische Verse oft viel besser dazu, Kunst als Kunstgriff zu durchschauen. Außerdem eröffnet sich hier ein Feld, auf dem der Schüler selber kreativ werden kann, und zwar mit weitaus befriedigenderen Ergebnissen als auf dem ernsthaft-lyrischen Felde, wo Schülergedichte sehr häufig epigonal oder kitschig sind. Es ist zwar richtig, daß man, um ein Gedicht kritisch beurteilen zu können, nicht unbedingt selber ein Dichter sein muß. Aber ebenso richtig ist, daß die beste Einübung in das Verstehen von Gedichten darin besteht, daß man sich selber einmal im Handwerk des Dichtens übt, und sei es auch nur durch den Versuch, ein paar kunstgerechte Limericks zu verfassen.

> Zum Herstellen eines Gedichtes
> bedarf's keines geistigen Lichtes,
> zum Limerick reicht es
> bei jedem. Auch Leichtes
> entbehrt manchmal nicht des Gewichtes.

Was man wissen muß,
um ein Gedicht interpretieren zu können

Gedichte sind gemalte Fensterscheiben!
Sieht man vom Markt in die Kirche hinein,
Da ist alles dunkel und düster;
Und so sieht's auch der Herr Philister:
Der mag denn wohl verdrießlich sein
Und lebenslang verdrießlich bleiben.

Kommt aber nur einmal herein!
Begrüßt die heilige Kapelle;
Da ist's auf einmal farbig helle,
Geschicht' und Zierat glänzt in Schnelle,
Bedeutend wirkt ein edler Schein;
Dies wird euch Kindern Gottes taugen,
Erbaut euch und ergetzt die Augen!

(Goethe)

In den 50er Jahren geisterte der Begriff der werkimmanenten Interpretation durch den Deutschunterricht und durch die germanistischen Seminare der Universitäten. In seiner radikalsten Variante besagte er, daß jedes Gedicht ein autonomes Kunstwerk sei, das allein aus sich selbst heraus verstanden werden müsse. So sei es beispielsweise falsch, nach der Intention des Autors zu fragen; denn nicht auf diese komme es an, sondern auf die Intention des Werkes. Die gemäßigtere Variante, die allgemein akzeptiert war, betonte nur den absoluten Vorrang des Werkes, was dann eine entsprechende Vernachlässigung aller anderen, werkfremden Aspekte zur Folge hatte. In der Praxis bewirkte dieser Ansatz eine deutliche Verfeinerung der Interpretationsmethoden, in der Theorie aber war er völlig unhaltbar. Schon bei der allerersten Annäherung an ein Gedicht muß man etwas kennen, das außerhalb des Werkes liegt: die Sprache. Da Sprache das symbolische Zeichensystem ist, in dem sich für uns die Welt abbildet, ist in ihr die Welt ständig gegenwärtig. Lesen wir z. B. ein Gedicht des 18. Jahrhunderts, so müssen wir, um seine Sprache zu verstehen, erst einmal die Welt kennen, die in sie eingegangen ist. Gewiß sind viele Gedichte so allgemeinverständlich, daß man sie ohne irgendwelche Information über den Autor, die Zeit und den literarhistorischen Kontext hinreichend verstehen kann, um an ihnen Freude zu haben. Aber der Leser wird dann immer nur das aus ihnen herauslesen können, was sich mit seinen eigenen Erfahrungen deckt. Gedichte sind für ihn Spiegel, nicht die »gemalten Fensterscheiben«, von denen Goethe spricht. Will man durch die Fensterscheiben sehen, muß man in die Gedichte eintreten. Dazu braucht man einen Schlüssel. Je älter, je komplexer, je schwieriger ein Gedicht ist, um so mehr Schlösser muß man öffnen, ehe man durch die »gemalten Fensterscheiben« sehen kann. Auf der Suche nach den Schlüsseln und Schlössern wollen wir uns erst einmal einen Lageplan des zu Entschlüsselnden verschaffen. Die folgende Skizze soll uns dabei helfen:

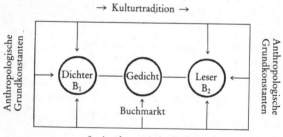

Ein gedrucktes Gedicht ist zunächst nichts weiter als eine bestimmte Anzahl schwarzer Zeichen auf einem weißen Blatt Papier. In diese Zeichen wurde von einem Dichter ein Bewußtseinsinhalt (B_1) enkodiert, der durch einen Leser dekodiert und wieder in einen Bewußtseinsinhalt (B_2)

zurückverwandelt wird. Im Idealfall sollten B_1 und B_2 identisch sein. Dies ist aber nicht nur praktisch, sondern auch theoretisch unmöglich, da das Bewußtsein eines Menschen, sein Ich, das schlechthin Individuelle an ihm ist, das nicht einmal bei eineiigen Zwillingen identisch ist. Das Ziel kann also nur eine größtmögliche Annäherung von B_2 an B_1 sein.

Der erste Schritt der Annäherung ist das Lesen, das Dekodieren, des Gedichts. Wenn es in unserer eigenen Sprache vorliegt, erscheint uns dieser Schritt problemlos. Aber auch dann kann der Sprachcode des Gedichts durchaus von unserem verschieden sein. Wenn es sich z. B. um ein älteres oder ein dialektal gefärbtes Gedicht handelt, müssen wir erst die historische bzw. regionale Sprachvariante lernen, um den Text zu verstehen. Der gewöhnliche Leser wird nach diesem Schritt bereits glauben, er habe das Gedicht verstanden. In Wirklichkeit aber weiß er nur, was in dem Gedicht gestanden hätte, wenn er selbst es in der vorliegenden Form geschrieben hätte. Da es aber von einem anderen gschrieben wurde, muß er nun versuchen, den kodierten Bewußtseinsinhalt dorthin zurückzuverfolgen, wo er herstammt: ins Bewußtsein des Dichters. Dies wäre aber nicht einmal dann zugänglich, wenn der Dichter noch lebte und man ihn fragen könnte. Es ist für jeden Außenstehenden etwas, das behaviouristische Psychologen als *black box* bezeichnen, eine schwarze Kiste, in die man nicht hineinschauen kann, deren Inhalt sich deshalb nur aus dem erschließen läßt, was in sie hineingegangen und was aus ihr herausgekommen ist. Herausgekommen ist aus dem Bewußtsein des Dichters sein Gesamtwerk, hineingegangen ist die Gesamtheit seiner Lebenserfahrung. In dieser lassen sich grob vier Schichten unterscheiden: erstens die aus lauter Zufällen zusammengesetzte persönliche Biographie, zweitens die inhaltliche Prägung der Wert- und Geschmacksnormen durch die umgebende Kultur (Enkulturation), drittens die Konditionierung des Bewußtseins durch die gesellschaftlichen Verhältnisse (marxistisch: Klassenlage) und viertens die allgemeine Determinierung durch anthropologische Grundkonstanten, die geographisch, klimatisch oder rassisch verschieden sein mögen, aber gesellschaftlich und kulturell invariant sind. Dies ist die archäologische Schichtung im Bewußtsein des Autors. Die gleiche Schichtung findet sich aber auch im Bewußtsein des Lesers, nur mit dem Unterschied, daß er eine andere persönliche Biographie hat und daß er anderen gesellschaftlichen und kulturellen Determinanten ausgesetzt war. Die anthropologischen Grundkonstanten dürften die gleichen sein.

Will man als Leser die verstehende Aneignung eines Gedichts bis an die Grenzen des Möglichen treiben, so müßte man in diesem Bezugsrahmen alle Wege bis zu Ende gehen, d. h., man müßte das Gesamtwerk des Dichters lesen, seine Biographie studieren, die Kultur und Gesellschaft seiner Zeit und sein Verhältnis zu beiden untersuchen und die anthropologischen Bedingungen aufklären, unter denen das Werk entstanden ist. Doch nicht genug damit, der Leser müßte die gleiche Untersuchung an sich selber vornehmen, da er B_2, den dekodierten Bewußtseinsinhalt des Gedichts, ja nur als Teil seines eigenen Bewußtseins erfahren kann. Ein Leser, der sich ein so gewaltiges Programm vornähme, würde wohl bald wie die bekannten Ameisen von Ringelnatz handeln, die von Hamburg nach Australien aufbrachen; doch

> Bei Altona auf der Chaussee
> Da taten ihnen die Füße weh,
> Und da verzichteten sie weise
> Dann auf den letzten Teil der Reise.

Zum Glück ist das hermeneutische Problem, um das es hier geht, nur für den Philosophen so schwierig, für den Leser stellt es sich keineswegs so entmutigend bodenlos dar. Da Leser und Dichter selbst dann, wenn sie durch viele Jahrhunderte voneinander getrennt sind, wie zwei kommunizierende Röhren durch die gemeinsame anthropologische Grundausstattung und durch den Strom einer gemeinsamen

Kulturtradition verbunden sind, kann jener schon auf intro-spektivem Wege vieles nachvollziehen, was dieser in seinem Gedicht artikuliert hat. Vor allem aber – und dies ist der entscheidende Punkt – ist ein Gedicht, das als solches für Leser geschrieben wurde, keine private Äußerung. Es spricht mit einer öffentlichen Stimme und will, bei aller Subjektivität der hineingegangenen Erfahrung, als etwas aus dem Bewußtsein des Dichters Herausgestelltes, Objektivier-tes verstanden werden. Selbst da, wo es mit allen Sprach- und Formkonventionen bricht, will es dennoch dem Leser etwas mitteilen, setzt also voraus, daß er den Code des Textes verstehen wird, wenn er sich entsprechend darum bemüht. Dieser objektive, vom privaten Subjekt des Dich-ters abgenabelte Teil des Gedichts ist das, was der Leser verstehen soll; und da es objektiv geworden ist, steht es dem Leser im Prinzip nicht fremder gegenüber als dem Dichter selbst. Zwar läßt sich dies Objektive besser und vollständi-ger verstehen, wenn man es aus seiner subjektiven Genese heraus rekonstruiert; aber alles das, was man über die bio-graphischen, gesellschaftlichen, psychologischen, womög-lich gar tiefenpsychologischen Voraussetzungen seiner Ent-stehung in Erfahrung bringen kann, ist bestenfalls ein Hilfs-mittel zum Verstehen des Gedichts, aber kein Bestandteil desselben. Die Aufgabe der Literaturwissenschaft ist es, solche Hilfsmittel zur Verfügung zu stellen, und für den Leser ist es von Gewinn, sie zu benutzen. Worauf es aber ankommt, ist nicht, daß der Leser die subjektiven Wurzeln, die das Gedicht im Dichter hatte, nun in sich selber wieder-belebt, sondern daß er sich das objektiv gewordene Gedicht verstehend aneignet, indem er es für sich selber zu einer eigenen subjektiven Erfahrung macht.

Um von diesen komplizierten hermeneutischen Gedanken-gängen wieder auf den Boden des Allgemeinverständlichen zurückzukehren, sei noch einmal mit aller Entschiedenheit gesagt: Gedichte sind verstehbar, weil sie von ihrer Inten-tion her verstanden werden wollen. Für schwerverständliche braucht man einen Schlüssel, oder mehrere; hat man aber die

Schlösser geöffnet, dann zählt nur das, was tatsächlich im Safe ist, und nicht ein von Soziologen attestierter, psychoanalytisch beglaubigter Gutschein, der durch das Werk nicht eingelöst wird.

Zur Frage der Intention

Wo immer der Leser unsicher ist, wie ein Gedicht oder eine bestimmte Stelle darin zu verstehen sei, stellt sich ihm die Frage, was der Dichter wohl intendiert haben mag. Die Intention, die vor dem Schreiben des Gedichts da war, scheint die letzte Instanz zu sein, bis zu der man beim Interpretieren zurückfragen kann. Und doch hat es in der Literaturwissenschaft eine lange Debatte darüber gegeben, ob diese Frage überhaupt zulässig sei. Der Streit darüber ist nicht ganz unbegründet. Wie will man die Intention des Autors überhaupt erkennen, wenn sie sich nicht schon deutlich genug im Gedicht ausdrückt? Und wenn sich aus anderen biographischen Quellen eine Intention erschließen ließe, die im Gedicht gar nicht zu erkennen ist, von diesem womöglich konterkariert wird, was gilt dann: das Werk oder die ursprüngliche Intention?

Zunächst einmal sollte man sich darüber klarwerden, was unter Intention überhaupt zu verstehen ist. Eine Fußballmannschaft hat die Intention, das Spiel zu gewinnen. Das Publikum möchte teils die eine, teils die andere Mannschaft gewinnen sehen. Was aber beide Mannschaften und das Publikum zuerst und vor allem wünschen, ist ein gutes Spiel. Ganz ähnlich verhält es sich bei einem Gedicht. Der Dichter mag die Intention gehabt haben, eine bestimmte Aussage, also eine Botschaft, zu verkünden. Der eine Leser, dem diese Botschaft aus dem Herzen gesprochen ist, fühlt sich bestätigt, ein anderer fühlt sich zum Widerspruch herausgefordert, und der dritte glaubt, aus dem Gedicht eine ganz andere Botschaft herauslesen zu können. Die Botschaft samt allen möglichen oder für möglich gehaltenen Lesarten ist untrennbar mit dem Gedicht verbunden, hat aber nichts mit dessen dichterischem Wesen zu tun; denn sie hätte ja ebensogut auf eine undichterische Weise ausgesagt werden können. Intention hat immer eine finale Ausrichtung, sie zielt auf einen ganz bestimmten Endpunkt; ist dieser erreicht, hat sich die Intention realisiert und ist im Werk aufgehoben, und zwar in dem doppelten Sinn des Wortes, nämlich aufgelöst und aufbewahrt. Kunst aber führt nicht finale Handlungen aus, sondern schafft Objekte, in denen Handlung aus der Zeit herausgehoben und stillgestellt ist. Deshalb ist das Entscheidende an einem Gedicht nicht sein Zielpunkt, sondern das, was in seinem Inneren geschieht. Von einer intendierten Aussage erwarten wir, daß sie erstens eindeutig, zweitens wahrhaftig und drittens ethisch vertretbar sei. Ein Gedicht hingegen kann uns gerade wegen seiner irritierenden Mehrdeutigkeit reizen, es kann unser Denken mit einer absurden Scheinlogik beschäftigen, und es kann uns mit einer moralisch verwerflichen These positiv bewegen. Haß, Obszönität, Menschenverachtung, selbst eine Hymne auf Satan verzeihen wir einem Gedicht, wenn es gut ist. Aber wir dürften nichts der Intention verzeihen, die dahintersteht. Würde man z. B. Goethes Ballade »Die wandelnde Glocke« intentional verstehen, müßte man den Dichter einen Heuchler nennen; denn als erklärter Gegner alles Kirchlichen schreibt er hier ein Gedicht ganz im Sinne pietistischer Frömmelei, die den versäumten Kirchgang als sündhafte Verfehlung ansieht. Man wird dem Gedicht aber wohl eher gerecht, wenn man annimmt, daß Goethe hier fiktional verfährt und in die Psyche eines Kindes schlüpft, um auf diese Weise den Schwebezustand zwischen kindlicher Angst und kindischem Aberglauben darzustellen, womit er dann indirekt zugleich eine Kritik an letzterem ausdrückt.

Im Begriff der Intention stecken noch viele literaturtheoretische und philosophische Probleme, die hier nicht erörtert werden können. Zusammenfassend läßt sich in unserem

Kontext vielleicht soviel sagen: Zum bestmöglichen Verständnis eines Gedichts sollte man sich, wenn irgend möglich, auch dessen vergewissern, was als Absicht des Dichters in das Werk eingegangen sein könnte. Wesentlich für das Gedicht ist aber nicht seine finale Intention, sondern das, was real in ihm geschieht.

Orpheus, Daedalus, das Weltkind und Villon

Es scheint in der Natur des menschlichen Denkens zu liegen, die Gegenstände der Erfahrung nach einem möglichst einfachen System zu ordnen. Am einfachsten ist ohne Zweifel ein binäres (oder dichotomisches) System, das alle Gegenstände nach dem Entweder-Oder-Prinzip in zwei Klassen und jede Klasse wiederum paarweise in Subklassen unterteilt. Da Kulturphänomene schwer zu fassen sind, erfreut sich die binäre Klassifizierung gerade in diesem Bereich besonderer Beliebtheit. So glaubte Schelling, in der menschlichen Schöpferkraft zwei Grundorientierungen unterscheiden zu können, die er mit den Begriffen »apollinisch« und »dionysisch« bezeichnete. Durch Nietzsche wurde dieses Begriffspaar zur gängigen Münze und gehört seitdem zum Wortschatz aller Gebildeten. Wölfflin sah eine ähnliche Dichotomie in der bildenden Kunst und definierte Renaissance und Barock als typische Ausdrucksformen zweier konträrer Künstlertemperamente. Diese typologische Unterscheidung übertrug Fritz Strich analog auf die Literatur und bezeichnete sie mit dem Begriffspaar »klassisch« und »romantisch«. Bei aller Fragwürdigkeit solcher Klassifizierungen ist doch nicht zu bestreiten, daß im Kulturschaffen der Menschen tatsächlich eine Tendenz zur Polarisierung zu beobachten ist. Das ist auch nicht weiter verwunderlich; denn wo Menschen etwas schaffen, das nicht durch praktische Zwecke bestimmt ist, sondern sich an rein ideellen Wertvorstellungen orientiert, werden sie bestrebt sein, ihre Wertnormen möglichst deutlich von solchen abzusetzen, die von den eigenen abweichen.

Läßt man einmal die lyrische Dichtung des Abendlandes von den alten Griechen bis zur Gegenwart Revue passieren, so wird man darin immer wieder zwei gegensätzliche Künstlertemperamente antreffen. Da ist auf der einen Seite der inspirierte Dichter, der »mit Zungen redende« *vates*, der in trancehafter Entrücktheit göttliche Weisheit verkündet. Orpheus ist seine mythologische Verkörperung. Ihm steht als Gegentyp der dichtende *artifex* gegenüber, der kunstfertige Handwerker, der das Unnennbare – das Göttliche, Dämonische oder Numinose – in ein raffiniert angelegtes Labyrinth einsperrt, so wie Daedalus, das mythologische Urbild des artifex, auf Kreta das Labyrinth baute, in dem der blutrünstige Minotaurus gefangengehalten wurde. Orpheus und Daedalus sind archetypische Verkörperungen zweier gegensätzlicher Haltungen, die uns in der Dichtung immer wieder begegnen. Dichter wie Hölderlin, Rilke, Trakl und Walt Whitman scheinen reine Vertreter des orphischen Typs zu sein, während Dante, Edmund Spenser, E. A. Poe, Ezra Pound und Gottfried Benn dem Daedalus-Typ angehören. James Joyce, einer der größten Labyrinthbauer aller Zeiten, hat sogar seinem *alter ego* Stephen, dem Helden seines ersten Romans *Portrait of the Artist as a Young Man*, der als eine der drei Hauptfiguren in *Ulysses* wiederkehrt, den Nachnamen Dedalus gegeben und sich selbst damit auf das zutreffendste charakterisiert. Versucht man nun aber, alle Dichter in das Prokrustesbett dieser Typologie zu pressen, so wird man rasch merken, daß viele, darunter einige der größten, nicht in das Schema passen. Homer, Shakespeare und Goethe gehören keinem der beiden Typen oder beiden gleichermaßen an. Statt sie als Mischtypen zu klassifizieren, könnte man versuchen, einen dritten Typ zu definieren: den Dichter als die Stimme des Menschen schlechthin. Goethe hat in einem frühen Albumvers für diese von ihm selbst so empfundene Mittelposition eine Formel gefunden, die seitdem zu einem geflügelten Wort geworden ist:

> Und, wie nach Emmaus, weiter ging's
> Mit Sturm- und Feuerschritten:
> Prophete rechts, Prophete links,
> Das Weltkind in der Mitten.

Mit den beiden Propheten meinte Goethe die theoretischen
Eiferer Lavater und Basedow, mit denen er sich gerade auf
einer gemeinsamen Fußreise befand. Das »Weltkind« ist er
selber, wobei er wohl weniger auf Jesus, den Erlöser, als auf
dessen Selbstdefinition als des Menschen Sohn anspielt. Der
Dichter wird in dieser Vorstellung zur Inkarnation des
Menschlichen schlechthin. Er ist das ewige Kind, das aus
einem Zustand nichtentfremdeter Menschlichkeit heraus
auch dort noch das Menschliche aussprechen kann, wo der
gewöhnliche Mensch »in seiner Qual verstummt«, wie es im
Tasso heißt.

Aber auch mit diesem dritten Typ reicht unsere Typologie
noch nicht aus, um alle großen Dichter einigermaßen zutreffend zu klassifizieren. Es fehlt noch der Typus des frechen,
vollkommen respektlosen Dichters, der sich außerhalb der
bürgerlichen Wertewelt stellt und gerade deshalb den Menschen in wertneutraler Kreatürlichkeit, unverhüllt und
ungeschönt sieht. Die reinste Verkörperung dieses Typs in
der europäischen Tradition ist wahrscheinlich der Franzose
Villon, aber auch die spätmittelalterlichen Vaganten, Heinrich Heine, Wedekind und der junge Brecht gehören
hierher.

Vierertypologien sind ebenso beliebt wie triadische oder
binäre und nicht minder fragwürdig. Natürlich hat es nur
geringen Erkenntniswert, wenn man Dichter in diese vier
Schubfächer einsortieren kann. Dennoch sollte man solche
Ordnungsraster nicht von vornherein verwerfen; denn
erstens erleichtern sie den Überblick über ein komplexes
Datenmaterial, und zweitens beziehen sie sich in aller Regel
auf einen tatsächlich gegebenen Sachverhalt. Vieles spricht
dafür, daß die Kunst in der Innenwelt der menschlichen
Gesellschaft die gleiche Funktion erfüllt wie die kindliche

Spielphase in der Entwicklung des Individuums. Im Spiel werden Verhaltensmuster für den Ernstfall des Lebens geprobt. Da der Mensch sich seit altersher in drei Sphären bewegt – der religiös-transzendenten, der kulturell-menschlichen und der vital-animalischen – wird auch der Dichter, das spielende Kind der Gesellschaft, sich vorwiegend in einer dieser Sphären aufhalten. Entweder verkündet er Visionen des Göttlichen oder zeigt Möglichkeiten des Menschlichen auf oder stellt die menschliche Kreatur in ihrer Fleischlichkeit dar, oder aber er konzentriert sich ganz auf das Spielen des Spiels. Wir wollen diesen kurzen Denkanstoß nicht zu einer anthropologischen Fundierung der Kunst ausbauen. Wichtig ist in unserem Zusammenhang, zu wissen, daß man, um ein Gedicht richtig zu verstehen, auch die Grundhaltung des Dichters kennen muß. So wie z. B. Eifersucht sowohl Quelle von Komik wie auch Anlaß von Tragik sein kann, so gewinnt jeder Sachverhalt einen anderen Status, je nachdem, ob Orpheus, Daedalus, das Weltkind oder Villon ihn besingt.

Über die Schwierigkeit, dichterische Qualität zu erkennen

Als 1952 unter dem Titel *Ich schreibe mein Herz in den Staub der Straßen* Gedichte eines angeblich in Indochina verschollenen Fremdenlegionärs mit Namen George Forestier erschienen, war die Kritik des Lobes voll: endlich eine neue Stimme, die den Nerv der Zeit traf, romantisch und zynisch, süß und bitter zugleich. Selbst Dichter wie Gottfried Benn und Karl Krolow sparten nicht mit anerkennenden Worten. Das Bändchen erreichte in kurzer Zeit sensationelle Auflagenzahlen. Drei Jahre später kam heraus, daß ein George Forestier nie existiert hatte. Die Gedichte waren von Karl Emerich Krämer, einem Lektor des Diederichs Verlags, für eine von ihm erspähte Marktlücke nach Maß zurechtgeschneidert worden. Das Rezept war denkbar simpel: Exotik plus Weltschmerz plus Volksliedton und das ganze pseudomodern »angeschrägt«, wie man es aus der Unterhaltungsmusik kennt, wo Bach, Vivaldi und Mozart immer wieder zu gefällig modernisierter Geräuschkulisse verhackstückt werden. Als die Täuschung aufgeflogen war, stand die Kritik, wie so oft, wieder einmal blamiert da und hielt es für das beste, den Namen Forestier nie wieder zu erwähnen. Zur Illustration erst einmal eine Kostprobe:

Rot sind die Nächte über den Inseln,
O Purea, o Purea!

Wenn die Lotosknospe springt,
Knallt im Dorf die Handgranate,
Wenn der junge Bambus blüht,
Werden die Kanonen reden.

Kinder wälzen sich im Sande,
Hingekrümmt zur Feuerblume.
Über ihre kleinen Leiber
Schrillt der Blutgeruch der Kugeln.

Wer wird unsre Fraun beschlafen,
Wer aus unsern Näpfen essen?
Welcher Priester wird jetzt kommen,
Um die Toten zu besprechen?

Wenn wir jetzt in dieser Stunde
Aufstehn, um zurückzukehren
Mit dem weichen Licht der Sonne
Über den zerfransten Schädeln,

Wer wird uns die Tore öffnen,
Wer wird uns die Decken breiten?
Wer wird uns die Kürbisflasche
Mit dem süßen Saki reichen?

O Purea, o Purea,
Auf der Scheide des Gebirges
Blühen feuerfarbne Lilien,
Wuchert wilder Rhododendron.

O Purea, o Purea,
Wenn die Knospen wieder springen,
Hat der Wind uns schon vergessen.

Aus heutiger Sicht ist schwer zu begreifen, daß diese süßliche Limonade jemals von ernsthaften Kritikern für dichterischen Wein gehalten werden konnte. Und doch findet sich ähnlich gefälliges Wortgeklingel allenthalben in der Lyrik dieses Jahrhunderts, und manches davon von Dichtern mit großen Namen. Gerade die virtuosen Sprachbeherrscher wie Rilke oder Gottfried Benn waren immer in Gefahr, von einer leerlaufenden Sprachwoge davongetragen zu werden. In ihren Werken findet sich manches, das man als glänzend gemachte Parodie lesen würde, wenn man nicht wüßte, daß es von den Dichtern selbst stammt.

Je größer die historische Distanz zu einem Gedicht ist, um so stärker hat sich gewöhnlich das ästhetische Urteil verfestigt. Bei zeitgenössischer Lyrik aber steht sicher noch manchem Kritiker, der seine Favoriten in den Himmel hebt, eine Blamage bevor. Heutzutage ist die Unsicherheit des ästhetischen Urteils wahrscheinlich noch weit größer als in früheren Zeiten, da es keine verbindlichen Stilkonventionen mehr gibt und auf dem literarischen Markt unterschiedlichste Ausdruckshaltungen, Sprachregister und natürlich auch gimmickhafte Mätzchen miteinander konkurrieren. Der dadurch verunsicherte Leser läßt sich dann vielleicht durch ein bei Kritikern beliebtes Argument trösten, das die ständige Beckmesserei und das Erstellen von Rangordnungen als Unfug abtut und meint, ein Gedicht dürfe nur an sich selbst und nicht an der Konkurrenz gemessen werden. Das Argument klingt stichhaltiger als es ist. Dichtung verdankt ja ihre öffentliche Existenz zunächst einmal der Tatsache, daß sie vor dem Urteil eines Verlagslektors oder Zeitschriftenredakteurs Gnade gefunden und damit alle nichtpublizierten Gedichte ausgestochen hat. Dieses Urteil bedarf einer fortwährenden Revision, da sonst alle Dichtung, der von den Türhütern des Literaturbetriebs der Zutritt verwehrt wird, nie die Chance bekäme, doch noch publiziert zu werden. Das heißt aber, daß auch der Leser bei dem Versuch, ein Gedicht zu verstehen, sich immer zugleich auch ein Urteil über dessen Qualität bilden muß. Der Verzicht auf diese Urteilsbildung degradiert das Gedicht zum sentimentalen Konsumgegenstand.

Damit stellt sich für den Leser die Frage, nach welchen Kriterien dichterische Qualität überhaupt zu beurteilen ist. Manche Menschen haben einen nahezu untrüglichen Instinkt für künstlerischen Wert, nur leider stellt sich erst nach Jahrzehnten endgültig heraus, daß sie recht hatten. Andere wiederum, darunter solche, die selber große Dichter sein mögen, zeigen sich merkwürdig blind in ihrem Urteil. Goethe lag als Kritiker mit vielen seiner Urteile daneben. Einige der größten seiner Zeitgenossen – Hölderlin, Kleist, Jean Paul – hat er völlig verkannt. Noch schiefer waren seine Urteile auf dem Gebiet der Musik. Hier sparte er nicht mit Lob für die uninspirierten Kompositionen seines Freundes Zelter, während er Schubert, der ihm die Vertonung des »Erlkönig« zugeschickt hatte, nicht einmal einer Antwort würdigte. Wenn nicht einmal Goethe die Qualität seiner Dichterkollegen richtig einschätzen konnte, wie soll dann ein Durchschnittsleser die Spreu vom Weizen trennen? Zunächst einmal sollte er sich das Recht auf ein gefühlsmäßiges Urteil nicht beschneiden lassen. Wenn ihm ein Gedicht nach wiederholtem Lesen in größeren Abständen immer noch gefällt, spricht die Wahrscheinlichkeit dafür, daß es Qualität hat. Manche Gedichte gefallen auf Anhieb, mit der Zeit aber läßt die Wirkung nach, und der Leser merkt, daß der Reiz, durch den er sich hatte verführen lassen, in einer virtuosen Sprachgestalt lag, die sich auf die Dauer als allzu glatt und gefällig erweist. Andere Gedichte werden am

Anfang als reizlos und spröde empfunden und entfalten ihre Wirkung erst, wenn man in langem Umgang mit ihnen ihre Komplexität aufdeckt. Auch wenn es bisher noch niemandem gelungen ist, objektive Maßstäbe des ästhetischen Urteils nachzuweisen, gibt es doch einige Kriterien, die durch die Praxis der kritischen Rezeption bestätigt werden. *Originalität* ist sicher eines davon. Von einem guten Gedicht erwarten wir, daß es uns etwas auf eine neue Weise sehen und erfahren läßt. Ein weiteres Kriterium ist *Dichte*. In einem guten Gedicht sollten die wirksamen Elemente der Klang-, Bild- und Sinnschicht so dicht gepackt sein, daß dazwischen keine Hohlräume, keine überstehenden Enden und kein sprachlicher Leerlauf zu spüren ist. Ein anderes oft postuliertes Kriterium ist das der inneren *Stimmigkeit*. Dabei ist allerdings Vorsicht geboten. Zwar dürfen wir von einem Gedicht erwarten, daß es durchgängig kristallin ist und keine amorphen Stellen hat. Aber die Kristallstruktur kann durchaus Brüche, Reibungen und Verschiebungen aufweisen. Als inhaltliches Kriterium könnte man den leider sehr mißbrauchten und stark vorbelasteten Begriff der *Tiefe* nennen. Wir erwarten von einem Gedicht, daß es keine Platitüden ausspricht, sondern unsern Blick in tiefere Schichten menschlicher Erfahrung öffnet. Allerdings würden wir wohl die Waffen strecken müssen, wenn wir entscheiden sollten, ob Mörikes »Septembermorgen« tiefer ist als C. F. Meyers »Römischer Brunnen«. Wenn mit *Tiefe* ein Maß für die inhaltliche Substanz eines Gedichts gemeint ist, dann müßte man den Begriff wohl durch Kriterien wie *Fülle*, *Intensität* und *Authentizität* erweitern. Eines der geläufigsten Kriterien für den Wert eines Gedichts ist das der *Übereinstimmung von Form und Inhalt*. Auch dies ist mit dem gewissen Körnchen Salz zu genießen. Zwar erreicht ein Gedicht nicht die geforderte Dichte und Stimmigkeit, wenn nicht das Inhaltliche restlos in der Form aufgeht. Aber ein kitschiger Inhalt wird nicht schon dadurch Kunst, daß er eine kitschige, also adäquate Form erhält. Damit sind wir bei einem der schwierigsten Begriffe der Literaturkritik überhaupt.

Was ist Kitsch?

Auf jeden Fall ist es etwas anderes als bloß schlechte Kunst. Dichter, Maler und Musiker, die nicht die Schöpferkraft der großen Genies hatten, waren Künstler zweiter oder dritter Ordnung, aber was sie schufen, war deswegen noch längst nicht Kitsch. Kitsch ist nicht unzulängliche, sondern unehrliche Kunst. Er ist auf dem Gebiet der Ästhetik, was die Lüge auf dem Gebiet der Ethik ist. Kitsch verhält sich zur Kunst wie das Kindische zum Kindlichen, wie das Geschönte zum Schönen. Die beiden Hauptformen des Kitsches sind der ästhetische und der sentimentale. *Ästhetischer* Kitsch ist die Verselbständigung der schönen Form, die mit diktatorischem Anspruch über alles Inhaltliche triumphiert. Da im Inhaltlichen eines Gedichts (bzw. Bildes oder Musikstücks) ein Bewußtseinsinhalt, also ein Stück Menschlichkeit, ausgedrückt ist, ist es unethisch, wenn die Differenziertheit des Menschlichen der selbstherrlich ästhetisierten Form geopfert wird. Umgekehrt besteht *sentimentaler* Kitsch darin, daß sich Inhaltliches verselbständigt, daß bestimmte Gefühle und Wertvorstellungen (z. B. Liebe, Patriotismus, Heimatgefühl usw.) kritiklos, d. h. ohne formale Kontrolle ausgedrückt werden.

Damit das, was wir hier theoretisch anzudeuten versucht haben, auf etwas Konkretes bezogen werden kann, wollen wir zwei Beispiele folgen lassen. Zunächst eine Illustration des ästhetischen Kitsches:

Otto Julius Bierbaum

Abendlied

Die Nacht ist niedergangen;
die schwarzen Schleier hangen
nun über Busch und Haus.
Leis rauscht es in den Buchen,
die letzten Winde suchen
die vollsten Wipfel sich zum Neste aus.

Noch einmal leis ein Wehen;
dann bleibt der Atem stehen
der müden, müden Welt.
Nur noch ein zages Beben
fühl' durch die Nacht ich schweben,
auf die der Friede seine Hände hält.

Schon beim ersten Lesen merkt man, daß Bierbaum versucht, die beiden berühmtesten deutschen Abendgedichte, nämlich das »Abendlied« von Claudius und »Wanderers Nachtlied« von Goethe so zu verschmelzen, daß sein eigenes Gedicht die Vorbilder an Dichte und sprachlichem Wohllaut noch übertrifft. Tatsächlich aber gelingt ihm weder die Ausweitung des Bildes zu einer moralischen Weltsicht wie bei Claudius noch die symbolische Verdichtung wie bei Goethe. Statt dessen schafft er eine weiche, samtige Sprachhülse, deren einziger Inhalt die Aussage ist, daß der Wind immer leiser und leiser wird. Das Stillstehen des Atems kann sich gar nicht in symbolische Bedeutung umsetzen, da diese dann der Tod sein müßte, was gewiß nicht intendiert ist. So ist das Gedicht nichts weiter als die mit beträchtlichem sprachlichem Aufwand dargebotene Wiedergabe einer meteorologischen Allerweltsimpression: eine schöne, aber leere Hülse.

Nun ein Beispiel für sentimentalen Kitsch:

Carl Busse

Ich möchte sterben . . .

Ich möchte sterben, wenn in Stadt und Hag
Zu Ende geht ein lieber Frühlingstag.
    Die jungen Mädchen stehn vor Tür und Tor,
Die Gärten blühn, die Kinder spielen munter,
Groß und verleuchtend geht die Sonne unter
Und Mütterchen nimmt sich die Bibel vor.
Die Welt so still; so still mein graues Haus,
Kaum daß im Zug sich die Gardinen regen,

Und meine Sehnsucht auf verklärten Wegen
Mit starken Schwingen schwebt sie mir voraus.
Und dunkler wird's, die ganze Welt schläft ein,
Ich aber geh auf eine weite Reise,
Und eine Stimme, eine tiefe, leise,
Sagt mir ins Ohr: »Bald wirst du bei mir sein.«

Todessehnsucht ist ein in der Romantik weitverbreitetes und
oft gestaltetes Motiv. So aber, wie es hier in einen biedermeierlich frömmelnden Kontext eingebettet ist, wird es zur
verlogenen Attitüde. Ein Dichter hat durchaus das Recht,
den Tod als Befreier oder Erlöser zu feiern; denn das
impliziert eine Kritik an der Unerträglichkeit des Lebens.
Aber einen Anfall von Frühjahrsmüdigkeit zum Anlaß zu
nehmen, um sich in einer Todesphantasie zu suhlen, ist
unerträgliches Gesülze. Wie man sieht, geht auch in diesem
Gedicht der Geist von »Wanderers Nachtlied« um, der
das Hausgespenst des deutschen Lyrikkitsches zu sein
scheint.
Neben diesen beiden Populärformen des Kitsches gibt es
noch eine dritte Variante, den *ambitionierten* Kitsch. Her-
man Broch hat in einem scharfsinnigen Aufsatz »Zum Problem des Kitsches« das ganze 19. Jahrhundert als ein Treib-
haus dieser Kitschvariante beschrieben, deren höchste,
geniale Ausprägung er in der Kunst Richard Wagners sah.
Wagnerverehrer werden über dieses Urteil entsetzt sein.
Und doch wird niemand bestreiten können, daß sich im
19. Jahrhundert in der Tat überall in den innersten Bezirken
der Kunst verführerisch schillernde Blüten öffneten, von
denen ein betäubender, aber schon etwas angegangener
Geruch ausgeht. Es war das Jahrhundert, in dem die Kunst
die Rolle einer Ersatzreligion zu spielen begann. Damit
überschritt sie ihre Grenzen und verstieg sich zu hochgesto-
chenen Attitüden, die etwas Verlogenes und Unechtes haben
mußten. Je virtuoser die Künstler, um so mehr waren sie in
Gefahr, sich zu solchen Gespreiztheiten verführen zu lassen.
In der Lyrik ist Rilke das prominenteste Beispiel. Er ist

vielleicht der bedeutendste deutsche Dichter unseres Jahrhunderts, und doch begegnet man in seinen Werken immer wieder Gedichten, die sich wie unfreiwillige Selbstparodien lesen. So findet man im ersten Teil der *Neuen Gedichte* das wunderbare, in seiner Komprimiertheit unübertreffliche Gedicht »Der Panther«, das mit Recht in alle Anthologien aufgenommen wird. Dem folgt in *Neue Gedichte. Anderer Teil* dieses Gedicht:

Schwarze Katze

Ein Gespenst ist noch wie eine Stelle,
dran dein Blick mit einem Klange stößt;
aber da, an diesem schwarzen Felle
wird dein stärkstes Schauen aufgelöst:

wie ein Tobender, wenn er in vollster
Raserei ins Schwarze stampft,
jählings am benehmenden Gepolster
einer Zelle aufhört und verdampft.

Alle Blicke, die sie jemals trafen,
scheint sie also an sich zu verhehlen,
um darüber drohend und verdrossen
zuzuschauern und damit zu schlafen.
Doch auf einmal kehrt sie, wie geweckt,
ihr Gesicht und mitten in das deine:
und da triffst du deinen Blick im geelen
Amber ihrer runden Augensteine
unerwartet wieder: eingeschlossen
wie ein ausgestorbenes Insekt.

Die virtuose Sprachkunst des großen Dichters ist auch hier unverkennbar, und das Schlußbild verrät in seiner eindrucksvollen Dichte die Pranke des Löwen. Der Rest aber ist von einer so manierierten Gespreiztheit, zeugt von einer so geschwätzig leerlaufenden Sprache, daß kein Parodist die

Hohlheit dieser preziösen Aneinanderreihung weiterge-
holter Vorstellungen und Vergleiche besser hätte entlarven
können.

Historisch gesehen konnte Kitsch erst auftreten, nachdem
die künstlerische Technik zur vollen Reife gelangt war und
von da an jedem zur Verfügung stand, auch wenn er die
Form nicht mit ausreichender Substanz ausfüllen konnte.
Das heißt, daß Kitsch in der Malerei erst nach Raffael, in der
Musik erst nach Mozart, in der Dichtung erst nach Goethe
möglich war. Jeder Epigone konnte sich jetzt der Formen,
Techniken und vorgefertigten Gefühle bedienen und sie zu
beliebiger Dutzendware kombinieren. Gelang es ihm dabei,
seinen Gedanken ein adäquates formales Kleid zu geben, so
war das Ergebnis epigonale Kunst. Wo aber der Epigone
versuchte, für ein konfektioniertes Gefühl eine noch schö-
nere Form als die seiner Vorbilder zu finden oder, bei
fehlender Formkraft, die Meister an Tiefe des Gefühls
zu übertreffen, entstand ästhetischer bzw. sentimentaler
Kitsch. Die großen Künstler des 19. und frühen 20. Jahrhunderts, die fast alle auf dem Grat zwischen Kunst und
Kitsch wandelten, versuchten beides. Wagner und Rilke
gingen in der Form und in der Substanz bis an die äußersten
Grenzen. Da sie aber der Kunst etwas zumuteten, was
eigentlich Sache der Religion und der Philosophie gewesen
wäre, gerieten sie in jenen Dschungel voller betörender
Sumpfblüten, wo der Künstler mit glücklichem Griff eine
Orchidee von erlesenster Schönheit pflücken und schon
beim nächsten Fehltritt im Schlamm des Kitsches landen
konnte.

Praktischer Teil

Interpretation ex statu nascendi

Das vielleicht Fragwürdigste an jeder Interpretation liegt in dem Umstand, daß das Werk immer schon fertig vorliegt und daß infolgedessen der Interpret nicht viel mehr tun kann, als das Vorhandene als notwendig zu rechtfertigen. Vor allem junge Leser, in denen der Geist des Widerspruchs noch ungebrochen ist, gehen zu einem im Unterricht behandelten Gedicht oft spontan auf Distanz, wenn sie merken, daß man sie zu bloßen Akklamateuren von etwas macht, auf dessen Herstellung sie keinerlei Einfluß hatten. Und in der Tat: ist es nicht eine höchst frustrierende Situation, wenn man jedes Wort, jede Nuance eines Gedichts als vom Dichter so gewollt anerkennen soll, ohne zu wissen, wieviel alternative Möglichkeiten er vorher verworfen hat? Ein in die Öffentlichkeit entlassenes Gedicht ist immer nur der Endzustand eines Textes, an dem der Dichter vorher oft lange gearbeitet hat. Erst beim Vergleich mit den verworfenen Alternativen würde man die wirkliche Leistung des Autors angemessen beurteilen können. Nun sind aber in den meisten Fällen die verworfenen Alternativen nicht erhalten geblieben. Will man trotzdem die relative Vollendung eines Gedichts in ihrem ganzen Umfang ermessen, muß man sich in die Rolle des Dichters versetzen und sich fragen, wie man das, was jener offenbar ausdrücken wollte, möglichst schlackenlos herausbringen kann. Eine solche Interpretation eines Gedichts aus dem Prozeß des Gemachtwerdens heraus soll hier einmal an einem Beispiel durchgeführt werden. Angenommen, wir wollten ein Gedicht über einen der dreistufigen Brunnen schreiben, wie sie in Rom auf dem Petersplatz stehen. Was wären die wesentlichen Momente des Gegenstands, die es auszudrücken gilt, und mit welchen handwerklichen Mitteln und Kunstgriffen könnten wir dies bewerkstelligen? Der Brunnen besteht aus drei übereinander befindlichen Schalen, aus deren oberster ein Wasserstrahl hervorschießt. Dieser fällt aus der Höhe zurück in die Schale, fließt über deren Rand in die zweite und dann in die dritte und wird von dort erneut nach oben gepumpt. Wenn das Gedicht nichts als den reinen Bewegungsablauf des Brunnens und dessen gleichnishafte Implikationen ausdrükken soll, dann müßte es folgende Phasen sprachlich nachvollziehen:

(1) das abrupte, mit einem zischenden Geräusch verbundene Hervorschießen des Strahls,

(2) den Übergang vom Zischen zum weichen, schleierartigen Herabfallen des Wassers,

(3) das erneute Zischen, wenn das Wasser sich in die Schalen ergießt,

(4) das dreimalige Fallen, Stauen und wieder Fallen,

(5) die zyklische Wiederholung des immergleichen Vorgangs.

(1) Das Abrupte ließe sich dadurch ausdrücken, daß man einen Satz nicht in gewohnter Weise mit dem Subjekt, sondern mit dem Verb beginnt: Inversion nennt es der Philologe. Das Zischen könnte man lautmalerisch durch Zischlaute realisieren, während (2) sich für das weiche, schleierartige Herabwallen des Wassers sog. Flüssiglaute, Liquide, anbieten, vor allem das l. (3) Mit den gleichen lautlichen Mitteln ließe sich nachzeichnen, wie sich das fallende Wasser in das ruhende ergießt und danach weich über den Rand der Schale wallt. Nur müßte das zischende Geräusch kürzer sein, da der vorherrschende Eindruck jetzt der des ruhenden Wassers ist. (4) Das Fallen, Stauen und erneute Fallen ließe sich wohl nur syntaktisch abbilden, indem man den Satzfluß durch einen Einschub unterbricht und dadurch die Stauungsphase aus der Bewegung des Herabfallens heraushebt. (5) Die zyklische Wiederholung des immergleichen Vorgangs könnte man in ihrer Monotonie durch eine Aneinanderreihung von mit »und« verbundenen Satzteilen ausdrücken, wie Schiller es z. B. im »Taucher« tut:

Und es wallet und siedet und brauset und zischt.

Polysyndeton heißt dieser Kunstgriff in der Fachsprache der Rhetorik.

Die hier ausgewählten Wirkungsmomente, die den Brunnen auf seine Minimalstruktur reduzieren, sollen nun in ein Gedicht eingehen, und zwar so, daß diese Minimalstruktur darin mit äußerster Prägnanz und Intensität zum Ausdruck kommt, damit das ganze Bild für den Leser so mit Bedeutung aufgeladen wird, daß dieser darin ein Symbol für die lebendige Einheit von Bewegung und Ruhe erkennt. Hier ist das Gedicht, das genau dieses Programm erfüllt:

Der römische Brunnen

Aufsteigt der Strahl	– Inversion, Zischlaute
und fallend gießt	– weiches ll zwischen f und zischendem ß
er voll der Marmorschale Rund,	– Zischen von v, sch mit Nasalen und Liquiden
die, sich verschleiernd, überfließt	– Einschub, Stauung, s, v, sch bzw. ß außen, innen l, n, fl
in einer zweiten Schale Grund;	– zwei Zischlaute mit Nasalen und Liquid
die zweite gibt, sie wird zu reich,	– Einschub, Stauung, drei Zischlaute
der dritten wallend ihre Flut	– ll, n; f, schwaches Zischen; dann l
und jede nimmt und gibt zugleich	– Polysyndeton: monotone Bewegung, die
und strömt und ruht.	in sich selber kreist; Nasale und Liquide mit zwei Zischlauten

Das Gedicht ist von C. F. Meyer und gehört mit Recht zu seinen bekanntesten und beliebtesten. Mit bewundernswerter Kunstfertigkeit hat er das Bild des Brunnens in das

Medium der Sprache übersetzt. Es wäre töricht, diese Kunstfertigkeit als bloße Virtuosität abzutun. Beherrschung des Handwerks gehört zu den Grundvoraussetzungen eines großen Dichters. Erst durch die Vollendung im Handwerklichen gewinnt das Gedicht seine unvergleichliche Prägnanz und Dichte, die den Leser förmlich zwingen, darin eine gleichnishafte Bedeutung zu sehen. In der drittletzten Zeile setzt der Dichter in der handwerklichen Durchführung noch das Tüpfelchen aufs i, indem er jetzt beim dritten Niederwallen des Wassers den Zischlaut durch das schwächere f ersetzt. Beim zweiten Becken verteilt sich die Wassermenge bereits auf einen so großen Schalenumfang, daß sie als weicher Schleier fast lautlos in die dritte Schale fällt.

Das Gedicht redet nicht, es drängt dem Leser keine Botschaft auf, es stellt nur dar; aber es tut dies mit solcher formalen Präzision, daß sich die Botschaft um so eindringlicher mitteilt. Dies bedeutet nun freilich nicht, daß jedes Gedicht bestrebt sein müsse, seinen Gegenstand auf solche Weise lautmalerisch und syntaktisch nachzubilden. Es gibt andere Brunnen-Gedichte, darunter ein nicht minder berühmtes von Rilke, die ganz andere Wirkungsmomente des Brunnens zum Ausdruck bringen wollen und darum ganz andere Mittel der Darstellung wählen. In Rilkes Gedicht »O Brunnen-Mund« aus den »Sonetten an Orpheus« ist die zentrale Vorstellung nicht das unaufhörliche Kreisen, sondern das unerschöpfliche Hervorquellen. Deshalb stehen im Mittelpunkt Bilder, die eine Öffnung bzw. ein schöpfendes Gefäß darstellen, nämlich Mund, Ohr und Krug. Aber auch hier beruht die Wirkung des Gedichts nicht auf dem, was es redet, sondern auf dem, was es zeigt. Das darf allerdings nicht so mißverstanden werden, als sei über die Lyrik ein generelles Redeverbot verhängt. Es gibt große Gedichte, die explizit sagen, was sie meinen, aber sie sagen es in einer Weise, daß nicht nur der Intellekt Stoff zum Nachdenken empfängt, sondern auch die ästhetische Wahrnehmung eine Kette reich abgestufter Vorstellungen nachvollzieht.

Einstieg durch die Bruchstelle

Wenn Schüler aufgefordert werden, ein Gedicht zu interpretieren, stehen sie gewöhnlich erst einmal ratlos davor und wissen nicht recht, wo sie anfangen sollen. Gerade die vollendetsten Gedichte haben eine so makellose äußere Gestalt, daß jeder Versuch, in sie einzudringen, an der dichtgefügten, vollkommen glattgeschliffenen Oberfläche abgleitet. Deshalb behilft sich der ungeübte Interpret dann meist damit, daß er aus lauter Verlegenheit erst einmal das Evidente konstatiert. Er beginnt damit, daß er die Strophen und Zeilen zählt und das Reimschema und das Metrum angibt. Ein solcher Anfang braucht nicht falsch zu sein, wenn er danach zu einem wirklichen Einstieg führt. Oft aber wird dieser Einstieg gerade dadurch verstellt, daß man ganz auf das Regelmäßige, eben das Evidente fixiert bleibt. Deshalb hier der erste Ratschlag: Statt mit der Aufzählung der Regelmäßigkeiten zu beginnen, sollte man das Gedicht erst einmal gründlich daraufhin untersuchen, ob sich nicht an irgendeiner Stelle eine Unregelmäßigkeit feststellen läßt, die sich beim Lesen als Widerstand bemerkbar macht. Dabei kann es sich um eine bloße Härte im Klangfluß, um ein Stolpern im Metrum, einen Bruch in der Gedankenfolge, eine Abweichung vom Reimschema oder um irgendeine andere Bruchstelle handeln, die man bei genauem Lesen so deutlich fühlt, wie man mit dem Finger den Sprung in einem Porzellangefäß spürt. Da man grundsätzlich davon ausgehen muß, daß der Dichter das Gedicht bis ins kleinste Detail so haben wollte, wie es dem Leser vorliegt, ergibt sich bei einer plötzlich ins Auge springenden Unregelmäßigkeit zwangsläufig die Frage, was diese zu bedeuten habe. In dieser Frage liegt oft schon der Schlüssel zum Einstieg in das Gedicht. Ein Beispiel mag das verdeutlichen. Mit Absicht wählen wir ein englisches Gedicht, damit der Leser ganz auf die äußere Form konzentriert bleibt und nicht voreilig auf die schon vermutete Sinnaussage des Gedichts zustrebt.

Wystan Hugh Auden

Musée des Beaux Arts

About suffering they were never wrong,	a
The Old Masters: how well they understood	b
Its human position; how it takes place	c
While someone else is eating or opening a window or just walking dully along:	a
How, when the aged are reverently, passionately waiting	d
For the miraculous birth, there always must be	e
Children who did not specially want it to happen, skating	d
On a pond at the edge of the wood:	b
They never forgot	f
That even the dreadful martyrdom must run its course	g
Anyhow in a corner, some untidy spot	f
Where the dogs go on with their doggy life and the torturer's horse	g
Scratches its innocent behind on a tree.	e
In Brueghel's *Icarus*, for instance: how everything turns away	h
Quite leisurely from the disaster; the ploughman may	h
Have heard the splash, the forsaken cry,	i
But for him it was not an important failure: the sun shone	j
As it had to on the white legs disappearing into the green	k
Water; and the expensive delicate ship that must have seen	k
Something amazing, a boy falling out of the sky,	i
Had somewhere to get to and sailed calmly on.	j

Übers Leiden wußten sie bestens Bescheid,
die Alten Meister; wie gut verstanden sie doch
seinen menschlichen Platz; wie es stattfindet, während ein
    andrer
gerade ißt, ein Fenster öffnet oder einfach spazierengeht just
    zu der Zeit;
wie, während die Alten ehrfürchtig, inbrünstig warten
auf die wunderbare Geburt, immer Kinder sind, denen es
    gleichgültig bleibt,
wenn es geschieht, die lieber draußen vorm Garten
Schlittschuh laufen auf einem Wasserloch.
Sie vergaßen nie:
auch das schreckliche Martyrium muß seinen Lauf nehmen,
    irgendwie,
in einem schmutzigen Winkel, links oder rechts,
wo die Hunde ihr Hundeleben führen und das Pferd des
    Folterknechts
seinen unschuldigen Hintern an einem Baumstamm reibt.

In Breughels Ikarus zum Beispiel: Wie gleichgültig sich
    alles
abwendet von dem Unglück. Der Pflüger, Zeuge des Falles,
muß das Klatschen gehört haben und den einsamen Schrei,
aber für ihn war es kein bedeutsames Scheitern. Die Sonne
    schien,
wie sich's gehörte, auf das grüne Wasser mit den weißen
    Beinen,
und das kostbare Schiff, das etwas Unerhörtes gesehen hatte
    – einen
Jungen, der aus dem Himmel fiel –, ignorierte ihn;
es hatte ein Ziel zu erreichen und segelte ruhig vorbei.

Auch wer nur wenig oder gar kein Englisch versteht, wird
leicht erkennen, daß dies kein regelmäßig gebautes Gedicht
in einer der traditionellen Formen ist. Es hat weder ein festes

Metrum noch ein gleichbleibendes Zeilenschema. Dennoch ist der Text so in Zeilen gebrochen, daß kein Zweifel daran bestehen kann, daß er als Gedicht gelesen werden soll. Die Gliederung in einen längeren Aufgesang und einen kürzeren Abgesang erinnert sogar ein wenig an die klassische Sonettform. Sieht man sich den Text nun genauer an, wird man verwundert feststellen, daß er durchgängig gereimt ist. Allerdings liegen die Reime bis zu sechs Zeilen auseinander, so daß man sie beim ersten Lesen gar nicht wahrnimmt, zumal die Zeilenenden durch Enjambement so in die jeweils folgende Zeile übergeleitet werden, daß das Reimwort ganz in dem fast prosaischen Satzfluß untergeht. Macht man sich nun die Mühe, das Reimschema zu markieren, so wird man mit erneuter Verwunderung feststellen, daß eine einzige Zeile ohne Reimpartner bleibt, nämlich die dritte. Damit stellt sich die Frage: Weshalb bleibt ausgerechnet diese Zeile ungereimt? Ist es Zufall, Schlamperei oder künstlerische Absicht? Bei einem Dichter vom Range Audens kann es gar keinen Zweifel daran geben, daß er es mit Absicht tat. Wenn wir nun plausibel machen können, welche Absicht dahintersteckt, halten wir möglicherweise bereits den Schlüssel zu seiner zentralen Aussage in der Hand.

Auden sagt in dem Gedicht, und er sagt es in beiläufig-lässigem Gesprächston, daß die alten Meister (gemeint sind die niederländischen Maler) genau wußten, daß auch das Leiden seinen festen Platz in der Weltordnung hat. Sie malten das Erhabenste neben dem Banalsten, das Martyrium eines Heiligen neben dem Pferdehintern, der sich an einem Pfahl scheuert. Und in der Tat vermitteln uns ihre Bilder oft den Eindruck, als sei für sie beides von gleicher Bedeutung. Breughels Bild vom Sturz des Ikarus, auf das sich das Gedicht bezieht, läßt nichts von der Tragik dieses Opfers menschlicher Hybris erkennen. Vielmehr sind die winzigen weißen Beine des in den Wellen Versinkenden nur ein kleines Ornament in einem wohlgeordneten, aus vielen Teilen zusammengefügten Bildteppich. Die Frage ist nun, ob Auden diese den alten Meistern unterstellte Weltdeutung wirklich teilt. Das Gedicht spricht so, als stimme es den Alten uneingeschränkt zu. Der lässige Gesprächston, der dem Ernst des Gesagten ein wenig die Spitze nimmt, läßt freilich auch an die Möglichkeit von Ironie denken. Es fehlt jedoch ein eindeutiges Ironiesignal. So bleibt der Leser weiterhin im ungewissen, ob Auden wirklich meint, daß das Leiden und die Sehnsucht nach Erlösung ein genauso natürlicher Bestandteil des menschlichen Lebens sei wie das alltägliche Treiben der Hunde oder das Spiel schlittschuhlaufender Kinder auf einem Teich. Es geht also darum, wie Auden den Platz (place) des Leidens im menschlichen Dasein bestimmt, »its human position«. Diese Schlüsselworte des Gedichts stehen nun aber genau in der Zeile, die keinen Reimpartner hat, die also selber im poetischen Gefüge des Gedichts keinen Platz findet. Auden gibt damit auf subtile Weise zu erkennen, daß er keineswegs der anfangs behaupteten Relativierung des Leidens zustimmt, daß er im Gegenteil das Leiden und das Martyrium als etwas Existentielles ansieht, das – im Wortsinn des lateinischen »ex-sistere« – aus dem Dasein »heraussteht«. Die Reimlosigkeit der Zeile ist das versteckte Ironiesignal, nach dem der Leser im übrigen Text vergeblich gesucht hat. Jetzt weiß er, daß Auden das genaue Gegenteil dessen meint, was er zunächst in lässigem Parlando-Ton zu behaupten schien. Leiden, Martyrium und tragisches Scheitern – so darf man den Dichter verstehen – sind für ihn eben nicht Bestandteile einer für den Menschen verstehbaren Ordnung, sondern existentielle Grenzüberschreitungen, die sich jeder Sinngebung widersetzen, auch wenn die alten Meister sie auf ihren Bildern gleichrangig neben den alltäglichsten Dingen dargestellt haben. Mit Bezug auf die Kunst kommt das Gedicht zu dem unausgesprochenen Fazit, daß das Leiden in seiner existentiellen Qualität nicht ästhetisierbar ist.

Jeder Versuch, ein Gedicht in allen seinen Wirkungsmomenten vollständig zu interpretieren, zwingt zur Betrachtung von so vielen Einzelheiten, daß der ungeübte Interpret dabei leicht den Überblick verliert und vor lauter Bäumen den Wald nicht mehr sieht. Deshalb ist es, zumal bei längeren Gedichten, ratsam, die Mikrostruktur (Textur) ganz beiseite zu lassen und erst einmal die Makrostruktur freizulegen. Dies soll im folgenden an einem Beispiel vorgeführt werden. Auch diesmal wählen wir mit Absicht kein deutsches Gedicht, sondern ein englisches in deutscher Übersetzung. Da ihm das originale Sprachkleid ausgezogen und durch ein gänzlich anderes ersetzt worden ist, erübrigt sich jede Frage nach der Textur; denn selbst wenn es der Übersetzung gelungen sein sollte, die texturalen Eigentümlichkeiten des Originals weitgehend nachzubilden, lassen sich doch nur Aussagen über die Mikrostruktur der Übersetzung machen, da die des Originals gar nicht vorliegt. Wir können uns darum ganz auf das Freilegen der Makrostruktur konzentrieren. Es darf allerdings nicht verschwiegen werden, daß unser Gedicht, das zu den berühmtesten und wohl auch besten der englischen Lyrik gehört, nicht nur eine höchst raffinierte Großstruktur aufweist, sondern diese auch durch eine nicht minder virtuos gestaltete Textur ausfüllt.

Percy Bysshe Shelley
Ode an den Westwind

I

O wilder Westwind, Herbstes Atem, du,
vor dem, wie vor des Zauberers Gebot,
die Blätter fliehn gleich Geistern ohne Ruh,

vergilbt und schwarz, blaß oder hektisch rot,
von Pest befallen, hingerafft in Scharen,
du trägst ins Winterbett, als wär'n sie tot,

die Samen, kalt und starr auf ihren Bahren,
bis deine blaue Schwester, Frühlingswind,
sie weckt mit einem Stoß ihrer Fanfaren

und füllt (als trieb' sie Knospenherden lind
und süß zu luft'ger Weide vor sich her)
mit Duft und Farbe Berg und Tal geschwind.

Du, wilder Geist, wehst über Land und Meer,
Zerstörer und Bewahrer: Hör, o hör!

II

Du, der auf seines wilden Stromes Tosen
die Wolken trägt, Gewitterengeln gleich,
geschüttelt aus dem Himmel wie die losen

Blattreste mächt'ger Kronen, überreich
weht um dein Antlitz regenschwere Fracht.
Mänadenhaar, in Strömen voll und weich,

treibt auf der blauen Woge hin mit Macht,
vom Horizont bis zum Zenit empor
weht hoch des nahen Sturmes Lockenpracht.

Du Requiem des Jahrs im dunklen Chor
des Doms, den diese Nacht jetzt ringsumher
zum Grabgewölbe macht. Dann bricht hervor

geballte Macht der Atmosphäre schwer
als schwarzer Regen, Feuer, Hagel: Hör!

III

Du, der du aus den sanften Sommerträumen
den Golf von Baia weckst, der schlafend ruht,
von Bildern eingelullt, die ihn umsäumen,

105

Turm, Schloß und Insel schwankend auf der Flut
im Spiel der Wellen, moosbewachsne Zinne,
schwach atmend in der trägen Mittagsglut.

Und alles schwer von Blüten, daß die Sinne
berauscht erschlaffen. – Da ertönt dein Mund,
und alles Leben hält erschauernd inne.

Und der Atlantik klafft, tief auf dem Grund
vernimmt der Schlammwald dich, und sein vom
                                    Meer
gebleichtes Laub erbebt, und ihm wird kund

die Stimme, die er kennt, und ringsumher
erzittert alles grau vor Angst: o hör.

                    IV

Wär' ich das Blatt, das du ins Grab geleitest,
die Wolke, um mit dir davonzufliegen,
die Welle unter dir, auf der du reitest,

könnt' ich, du Unbezähmbarer, mich schmiegen
in dich, dir gleich sein, wenn auch nicht so frei,
wär' ich noch eimmal jung: dich einzukriegen

erschien mir damals in der Kindheit Mai
beinahe möglich, wenn ich mich nur spute,
ich schickte nicht zu dir hier diesen Schrei

aus tiefer Not mit allerletztem Mute.
O wär' ich Welle, Wolke, Blatt – sieh hier:
des Lebens Dornen sind mein Bett, ich blute!

Schwer liegt der Jahre Kettenlast auf mir
und fesselt den, der, ach, zu ähnlich dir.

V

Mach mich, wie diesen Wald, zu deiner Leier,
daß ich wie er mein welkes Laub verschwende,
Nimm von uns beiden für die große Feier

des Herbstes einen dunklen Ton und wende
in süße Trauer ihn. In meinem Leibe
sei du mein Geist, nimm mich in deine Hände.

Die abgestorbenen Gedanken treibe
wie welkes Laub davon, daß Neues werde.
Von diesem meinem Vers beschworen, reibe

die Asche von der Glut im kalten Herde,
laß meine Worte wie die Funken streu'n
unter die ganze Menschheit. Laß der Erde

durch mich, o wilder Westwind, prophezein:
Kommt Winter jetzt, kann fern der Frühling sein?

Der Titel nimmt für das Gedicht die Bezeichnung Ode in
Anspruch und stellt es damit in eine formale Tradition, die
bis zu den alten Griechen zurückreicht. Dort war die Ode,
jedenfalls in ihrer hochentwickelten Form, eine feierliche
Dichtung, die sich in streng eingehaltener Strophenform an
einen Adressaten richtete und sich in einer eher gedanklich-
abstrakten als sinnlich-konkreten Weise mit einem erhabenen Gegenstand auseinandersetzte. Daß die vorliegende
Ode keine der antiken Strophenformen aufweist, ist für sich
allein noch kein Grund, ihr die Führung des Titels abzuspre-
chen. Aber auch im Ton weicht sie stark von der klassischen
Ode ab; er ist nicht feierlich-getragen, sondern emphatisch
drängend. Und auch das Gedanklich-Reflektierende tritt
ganz hinter die sinnliche Präsenz der dargestellten Natur-
phänomene zurück. Selbst bei sehr weitherzigem Gebrauch
des Begriffs kann man das Gedicht also kaum eine Ode
nennen. Vergißt man einmal ganz die literarische Tradition

und sucht nach einer überlieferten Form, die das Schema des Gedichts treffend beschreibt, so dürfte es kaum schwerfallen, eine solche zu finden: Es ist die klassische Form eines Beschwörungsrituals. Hier wird nach uraltem Brauch ein Geist beschworen. Dazu gehört zunächst einmal, daß man ihn *dreimal* ruft. Wenn er dann nach der dritten Anrufung erscheint, darf man ihn immer noch nicht gleich mit seiner Bitte überfallen, sondern muß sich ihm erst zu Füßen werfen und sich vor ihm demütigen. Erst dann wird man ohne Gefahr und mit der Hoffnung auf Erhörung seine Bitte vortragen dürfen. Dies fünfteilige Schema bestimmt die Grundstruktur des in fünf Strophen gegliederten Gedichts.

Die erste Strophe stellt den Westwind als »Atem des Herbstes« dar, der totes Laub von den Bäumen schüttelt, der zugleich aber auch die Samen für neues Wachstum in die Erde befördert. In dieser Rolle ist er »Zerstörer und Bewahrer« in einem. Im Zentrum des Bildes steht das Verhältnis Blatt–Erde, wobei Blatt den Samen einschließt. Noch weiß man nicht, was es mit dieser Relation auf sich hat. Aber schon in der nächsten Strophe wird der hellhörige Leser ahnen, worauf der Dichter hinauswill; denn jetzt erscheint der Westwind als eine tumultuarische Kraft, die die Wolken auf den blauen Himmelsstrom schleudert und sie zu dem düsteren »Grabgewölbe« (engl. »dome of a vast sepulchre«) eines spätherbstlichen Gewitterhimmels auftürmt. An die Stelle des Blattes tritt in dieser Strophe die Wolke, an die Stelle der Erde die Luft. Damit zeichnet sich bereits ab, daß hier eine bestimmte Bildkonfiguration durch die vier Elementarbereiche durchgespielt werden soll. Erwartungsgemäß wird in der dritten Strophe das Element des Wassers in den Mittelpunkt gerückt, und die Entsprechung zu Blatt und Wolke ist jetzt die Welle. In der Textur ist dies die kunstvollste der fünf Strophen. Hätten wir sie im Original vorliegen, könnten wir sehen, wie Shelley mit dichtgepackten Nasalen und Liquiden zunächst das Bild einer Meeresbucht malt, die in heißer, bleierner Stille daliegt. Doch gleich darauf merken wir, daß es die Stille vor dem Sturm ist; denn plötzlich bricht der kunstvoll gestaute Sprachfluß los, und man hört in den schneidenden k-Lauten, mit denen der Sturm einsetzt, und in dem erregten Rhythmus der letzten Zeilen förmlich die See kochen.

In diesen drei ersten Strophen wurde das Verhältnis Blatt–Erde nacheinander in die Elementarbereiche der Luft und des Wassers übersetzt. Gleichzeitig wurde durch Bewegungen in drei unterschiedlichen Richtungen der sowohl kosmische wie magische Raum entfaltet. In der ersten Strophe fielen die Blätter von oben nach unten, in der zweiten wurden die Wolken von unten nach oben an den Himmel geworfen; in der dritten jagte der Wind die Wellen horizontal über das Meer. Jetzt wartet der Leser auf das vierte Element, das Feuer, und dieses müßte entsprechend dem angelegten Strukturplan vom Wind im dreidimensionalen Raum nach allen Richtungen verteilt werden. Da das Gedicht aber als Beschwörungsritual aufgebaut ist, muß der Beschwörende sich jetzt erst einmal dem Geist zu Füßen werfen und ihm seine Notlage bekennen. Diese vierte Strophe beginnt so, daß selbst der unaufmerksamste Leser den kunstvollen Plan nicht mehr übersehen kann; denn sie wiederholt in den ersten drei Zeilen noch einmal die zentralen Bilder der vorangegangenen Strophen, nämlich Blatt, Wolke und Welle, und nicht genug damit, sie wiederholt sie ein weiteres Mal am Schluß. Die Unterwerfungsphase des Rituals wirkt im Gedicht als retardierendes Moment und erhöht so die Spannung des Lesers auf das Erscheinen des letzten noch ausstehenden Elements.

In der fünften und letzten Phase des Rituals darf der Beschwörende nun endlich seine Bitte vortragen. Er fleht den Westwind an, ihn zu seiner Leier zu machen, so wie der Wald die große Leier ist, auf der der Herbstwind seine wilden Lieder spielt. Noch einmal wird das Bild der fallenden Blätter aufgenommen. Aber jetzt will der Dichter nicht wie eben noch in der vierten Strophe ein Blatt sein, sondern er will dem Wald gleichen und wie dieser sein samentragendes Laub in die Welt verstreuen. Im nächsten Terzett geht er noch einen Schritt weiter und will wie der Westwind selber sein. Im dritten Terzett wird das Bild vom welken Laub erneut aufgenommen, jetzt aber mit einer eindeutigen Wendung ins Positive: Der Dichter bittet den Westwind, seine toten Gedanken über das ganze Universum zu verstreuen, um damit neues Leben hervorzurufen.

Im Original: Drive my dead thoughts over the universe
                Like withered leaves to quicken a new birth!

Jetzt endlich, nach diesem langen Anlauf, hat das Gedicht den Punkt erreicht, auf den es von Anfang an so kunstvoll und raffiniert zusteuerte. Im vierten und letzten Terzett, das wie der Schluß einer Beethovenschen Sinfonie zu einem grandiosen Finale anschwillt, spricht der Dichter die entscheidende Bitte aus, die nun endlich auch das langerwartete Bild des Feuers in Erscheinung treten läßt: Er, der Dichter, will, daß seine Worte wie die letzten Funken aus einem fast erloschenen Herd in die Welt verstreut werden, um dort ein neues Feuer des Geistes zu entfachen.

        Scatter, as from an unextinguished hearth
        Ashes and sparks, my words among mankind!

Dann mündet das Gedicht in die abschließende Bitte, der beschworene Geist möge ihn, den Dichter, zu seinem Sprachrohr machen und durch ihn der Welt mit einem Fanfarenstoß die Prophezeiung verkünden, daß auf den Winter ein neuer Frühling folgen werde.
Dieser Schluß wirkt nach dem Höhepunkt, den das Gedicht in den zuletzt zitierten Zeilen erreicht hat, merkwürdig schwach, fast ein wenig banal. In seiner thematischen Entwicklung war das Gedicht mit dem Erscheinen des Feuers abgeschlossen. Das Bild des Funkens enthält symbolisch die ganze prometheische Hoffnung, die der Dichter vermitteln wollte. Daß er diese nun zum Schluß explizit ausformuliert,

nimmt ihr einen Teil ihrer Kraft. Würde das Gedicht mit der kühnen und zugleich frevelhaften Geste enden, mit der der Dichter für sich die Rolle eines neuen Prometheus oder eines ins Positive gewendeten Luzifer reklamiert, so wäre dies ein Finale von eindrucksvoller Kraft und irritierender Ambiguität. Da er aber der großen Geste noch die ausformulierte Prophezeiung folgen läßt, reduziert sich alles auf die abschließende Verkündigung, daß auf den Winter ein Frühling folgen werde. Das Platitüdenhafte dieser Prophezeiung ist die einzige schwache Stelle dieses großartigen Gedichts.

Unsere Strukturanalyse hat gezeigt, wie eine bestimmte motivische Grundfigur nacheinander durch die vier Elementarbereiche durchgespielt wird. Wie sich das Blatt zur Erde verhält, so verhält sich die Wolke zum Himmel, die Welle zum Meer, der Funke zum Feuer und der inspirierte Dichter zur Menschheit. Diese vierfach variierte Relation ist nichts anderes als eine bildhafte Formel für die Grundfigur des romantischen Denkens überhaupt: nämlich für das Verhältnis des Teils zum kosmischen Ganzen. In unzähligen Variationen haben die Dichter jener Epoche immer wieder das metaphysische Problem der Individuation, der Vereinzelung des Menschen und seiner Sehnsucht nach Rückkehr in die ursprüngliche Ganzheit gestaltet. Vom ersten Aufkommen des »unglücklichen Bewußtseins« bei Rousseau bis hin zur spekulativen Lösung des Problems in Hegels dialektischer Philosophie kreiste das Denken der romantischen Philosophen unablässig um dieses Problem. Shelley steht also mit seinem Gedicht in einer großen europäischen Geistesbewegung, obwohl bei ihm von spekulativer Philosphie nichts zu spüren ist. Während die deutschen Romantiker durch Kant, Fichte, Schelling und Hegel mit Philosophie förmlich überschwemmt waren, lebten die englischen Romantiker in einer philosophischen Wüste. Es gab nicht einen einzigen Denker in ihrem Lande, der sie intellektuell hätte inspirieren können. Das ist vielleicht der Grund dafür, daß Shelleys

Gedicht nicht die gedankliche Tiefe Hölderlins erreicht und ganz zum Schluß sogar auf ein merkwürdig banales Niveau absinkt. Andererseits erklärt es aber auch, weshalb die Dichtung der englischen Romantiker um so vieles vitaler, frischer und sinnlicher ist als die ihrer deutschen Kollegen. Auch dafür ist Shelleys Gedicht ein vorzügliches Beispiel.

Das Gedicht im Werkkontext (ohne Schlüssel)

Es gibt Gedichte, bei denen man als Leser jedes Wort und jeden Satz zu verstehen glaubt und dabei dennoch das Gefühl hat, daß einige Wörter etwas ganz anderes bedeuten, als die Sprachkonvention ihnen zuschreibt. In der Regel sind es Wörter, die konkrete Gegenstände oder Sinneseindrücke bezeichnen, dabei aber auf etwas anderes, Abstraktes, zu verweisen scheinen. Wenn diese Verweisung auf einer dem konkreten Bilde innewohnenden Analogie beruht, läßt sich das, worauf verwiesen wird, meist schon intuitiv erfassen. Werden aber die Bilder durch willkürliche Zuordnungen als Chiffren für bestimmte Bedeutungen verwendet, lassen sie sich nicht mehr über das Analogieprinzip entschlüsseln. Die Bilder mögen zwar die Richtung ihrer Verweisung erahnen lassen, so wie das Kind, das die Muttersprache erlernt, die Bedeutung der Wörter zunächst nur erahnt. Will man diese Bildersprache aber wirklich verstehen, so muß man sie durch intensive Beschäftigung mit dem Gesamtwerk des Dichters regelrecht lernen. Der literarische Laie, der Gedichte nur zum Vergnügen liest, wird freilich selten bereit und in der Lage sein, die Mühsal dieses Lernens auf sich zu nehmen. Hier bietet sich der Literaturwissenschaft eine Gelegenheit, ihre Daseinsberechtigung als Vermittlerin zu beweisen.

Am folgenden Beispiel soll einmal gezeigt werden, wie weit eine werkimmanente Interpretation vordringen kann und an welchem Punkt sie über die Grenzen des Einzelwerks hinaus auf das Gesamtwerk ausgreifen muß, um zu einem tieferen Verständnis des Gedichts zu gelangen.

Georg Trakl

In den Nachmittag geflüstert

Sonne, herbstlich dünn und zag,
Und das Obst fällt von den Bäumen.
Stille wohnt in blauen Räumen
Einen langen Nachmittag.

Sterbeklänge von Metall;
Und ein weißes Tier bricht nieder.
Brauner Mädchen rauhe Lieder
Sind verweht im Blätterfall.

Stirne Gottes Farben träumt,
Spürt des Wahnsinns sanfte Flügel.
Schatten drehen sich am Hügel
Von Verwesung schwarz umsäumt.

Dämmerung voll Ruh und Wein;
Traurige Guitarren rinnen.
Und zur milden Lampe drinnen
Kehrst du wie im Traume ein.

Die wirksamsten Sinnesqualitäten dieses Gedichts sind ganz offensichtlich die Farben. Blau, Weiß, Braun und Schwarz werden direkt genannt, die Sonne am Anfang und das milde Licht der Lampe am Schluß evozieren darüber hinaus die Vorstellung von Goldgelb. Rätselhaft bleibt, von welchen Farben Gottes die Stirne in der dritten Strophe träumt, aber sicher wird man sie sich als strahlend hell vorstellen müssen. Jede Strophe enthält zwei Farbelemente. Ordnet man sie so an, wie sie aufeinander folgen, so ergibt sich ein Schema, das man wohl kaum für bloßen Zufall halten wird.

1. Strophe:	(sonnengelb)	– blau	
2. Strophe:	weiß	– braun	außen
3. Strophe:	Gottes Farben	– schwarz	

4. Strophe:	(goldener?) Wein	– Lampenlicht	innen

Das Gedicht beginnt mit dem Kontrast der Komplementär-
farben Gelb und Blau und der Gegenüberstellung von Fülle
(»Obst«) und Leere (»blaue Räume«). Dann folgt in der
zweiten Strophe die Gegenüberstellung von Tod (»Sterbeklänge«) und Erotik (»braune Mädchen«). Die nächste Bild-
stufe ist der Gegensatz zwischen Gottes Farben, wahnhaft
geträumt, und schwarzer Verwesung. An diesem Punkt des
Auseinanderklaffens von erträumter Transzendenz und ver-
wesender Immanenz verläßt das Gedicht die Außenwelt und
tritt in einen Innenraum ein, der Ruhe und Frieden verheißt,
wenngleich auch hier Trauer nachklingt (»traurige Guitarren«) und die Einkehr nur als etwas Traumhaftes beschrieben wird.
Das Ordnungsprinzip der Farben ist leicht erkennbar. Während wir auf der linken Seite eine Farbreihe von zunehmender Helligkeit haben, die das Reich der sichtbaren Farben
über das farblose Weiß hinaus transzendiert, haben wir auf
der rechten Seite eine Reihe mit abnehmender Helligkeit, die
in das farblose Schwarz mündet und damit ebenfalls aus dem
Reich der Farbe hinaustritt. Weiß ist die Summe aller Farben, den Schritt darüber hinaus kann man sich dann nur
noch als ein völlig entsinnlichtes reines Licht vorstellen.
Schwarz hingegen ist die Abwesenheit aller Farben, für die
sinnliche Wahrnehmung also das Nichts. An diesem Punkt
des Gedichts, an dem die Polarität der beiden Farbreihen
zum äußersten Extrem getrieben worden ist, löst sich die
Spannung in der Schlußstrophe im Zusammenfall zweier
identischer Farbwerte. »Wein« ist bei Trakl in aller Regel
der Farbe Gold zugeordnet, er hat damit die gleiche Farbe
wie das Licht der »milden Lampe«. Durch die Lösung der
Farbspannung vermittelt das Gedicht die zweifellos inten-

dierte Vorstellung von Erlösung in einem religiös-sakramentalen Sinne.

Kennt man von Trakl nur dies eine Gedicht, so wird man zögern, mehr als diesen vagen Umriß herauszulesen. Sobald man aber andere Gedichte heranzieht, wird man sehen, daß man es hier mit einem ganz bestimmten Bild-Wortschatz zu tun hat. Immer wieder verwendet Trakl Farben zur dichterischen Markierung bestimmter Zustände menschlicher Existenz, und immer wieder trifft man bei ihm auf die sakramentale Vorstellung der Einkehr und Erlösung. So endet das Gedicht »Ein Winterabend« mit der Strophe:

> Wanderer tritt still herein;
> Schmerz versteinerte die Schwelle.
> Da erglänzt in reiner Helle
> Auf dem Tische Brot und Wein.

Kennt man diese und ähnliche Stellen im Gesamtwerk, dann wird man auch aus der Schlußstrophe unseres Gedichts einen Hinweis auf das Abendmahl herauslesen, obwohl dort nur vom Wein die Rede ist. Auch die übrigen Bilder würden für uns an Aussagefülle gewinnen, wenn wir wüßten, in welchem Kontext die Farben Blau, Weiß, Braun und Schwarz in den übrigen Gedichten verwendet werden. Für eine solche statistische Fundierung unserer Interpretation fehlt hier der Raum. Aber es dürfte wohl klargeworden sein, daß man den ganz persönlichen Wortschatz eines Dichters nur aus seinem gesamten Werk und nicht aus einem einzigen Gedicht herauslesen kann. Daraus folgt, daß dieses ohne Kenntnis des Gesamtwerks nicht angemessen verstanden werden kann, obwohl unsere Interpretation andererseits gezeigt hat, daß man auch ohne solche Kenntnis recht tief in ein Gedicht eindringen kann.

Johann Wolfgang Goethe

Dornburg, September 1828

Früh, wenn Tal, Gebirg und Garten
Nebelschleiern sich enthüllen,
Und dem sehnlichsten Erwarten
Blumenkelche bunt sich füllen,

Wenn der Äther, Wolken tragend,
Mit dem klaren Tage streitet,
Und ein Ostwind, sie verjagend,
Blaue Sonnenbahn bereitet,

Dankst du dann, am Blick dich weidend,
Reiner Brust der Großen, Holden,
Wird die Sonne, rötlich scheidend,
Rings den Horizont vergolden.

Das Gedicht scheint so einfach und sonnenklar zu sein, daß
eine Interpretation kaum mehr tun kann, als das Gesagte zu
paraphrasieren und die Machart zu kommentieren. Zunächst
wird das Bild einer Landschaft in der Morgendämmerung
entworfen. Daran schließt sich die Aussage, daß, wenn der
Betrachter beim Anblick dieses Bildes der Großen, Holden,
also der Natur, dankt, die Sonne am Abend den Horizont
vergolden wird. So jedenfalls wird das Gedicht von Walther
Killy in seinem Buch *Wandlungen des lyrischen Bildes* (Göttingen, 1956) gelesen. Die Botschaft, sofern man von einer
solchen überhaupt sprechen kann, scheint in der vagen und
recht biedermeierlich anmutenden These zu bestehen, daß
die Natur demjenigen am Ende ihren Segen gibt, der sich ihr
dankend anvertraut. Diese Deutung setzt freilich voraus,
daß mit »scheidend« und »vergolden« der Sonnenuntergang
gemeint ist. Wenn man aber das Inventar von Goethes

Bildersprache kennt, wird man einer solchen Deutung kaum zustimmen können.

Goethe hat in diesem Gedicht auf engstem Raum das Grundkonzept seiner *Farbenlehre* (= FL) entworfen. Farbe war für ihn keine Eigenschaft des Lichts, sondern dessen Erzeugnis. Sie entsteht, so meinte er, wenn das »höchst energische Licht«, das seinem Wesen nach farblos weiß ist, auf ein trübes Medium trifft und aus diesem die Farbe hervortreibt (FL 150, 151). »Die Farbe ist in ihrem lichtesten Zustand ein Dunkles, wird sie verdichtet, so muß sie dunkler werden, aber zugleich erhält sie einen Schein, den wir mit dem Wort rötlich bezeichnen« (FL 699). In unserm Gedicht fällt das weiße Licht der noch unterm Horizont stehenden Sonne auf die trübe Erdatmosphäre und verdichtet in dieser die Farbe, bis sie den »rötlichen« Schein annimmt. Dann geschieht die eigentliche Entstehung der Farbe. »Entstehen der Farbe und Sichentscheiden ist eins« (FL 695). Sichentscheiden ist aber für Goethe ein Scheiden. Er glaubte, daß unter dem Druck des anstürmenden Lichts die Farbe sich nach Plus und Minus, nämlich nach Gelb und Blau, polarisiert. Dies sind die beiden Extrempole, aus denen sich nach seiner Ansicht der ganze Farbkreis entwickelt. Sie sind damit für ihn Symbole einer den ganzen Kosmos durchwaltenden Polarität. Der Farbe Blau ordnete er die Begriffe »Beraubung, Schatten, Dunkel, Schwäche, Kälte, Ferne, Anziehen« zu, der Farbe Gelb die Begriffe »Wirkung, Licht, Hell, Kraft, Wärme, Nähe, Abstoßen« (FL 696). Von der gelben Farbe sagt er: »Das Gold in seinem ganz ungemischten Zustand gibt uns, besonders wenn der Glanz hinzukommt, einen neuen und hohen Begriff von dieser Farbe« (FL 767). Die Verdichtung der Farbe im Medium der trüben Morgendämmerung, ihre Steigerung ins »Rötliche« und schließlich ihre Polarisierung, ihr »Scheiden« in Blau (»blaue Sonnenbahn«) und Gelb (»vergolden«) ist der kosmische Vorgang, der in dem Gedicht dargestellt wird. Jetzt bleibt nur noch die Frage, wieso das Vergolden erst eintreten wird, wenn man vorher »der Großen, Holden« dankt. Die Antwort ist einfach: Der Satz »Dankst du dann ...« ist überhaupt kein Konditionalsatz, sondern ein Temporalsatz. Er will sagen: »Während du dann noch der Großen, Holden dankst (was bei Goethe nicht unbedingt ›Dank abstatten‹, sondern auch ›dankend eingedenk sein‹ heißen kann), wird die Sonne aufgehen und »rings den Horizont vergolden«. Wir haben es hier also nicht mit einer Vorausschau, einer biedermeierlichen Abendphantasie zu tun, sondern mit einem Sonnenaufgang, den Goethe als Symbol der Kosmogonie, des tagtäglichen Schöpfungsaktes gestaltet, weil jeden Morgen aufs neue von der Sonne die Farben erzeugt werden, die für ihn Symbol des Lebens und der Liebe sind. In einem seiner bekanntesten und tiefsinnigsten Gedichte aus dem Westöstlichen Divan hatte er den gleichen Gedanken schon einmal entwickelt:

Wiederfinden

Ist es möglich! Stern der Sterne,
Drück ich wieder dich ans Herz!
Ach, was ist die Nacht der Ferne
Für ein Abgrund, für ein Schmerz!
Ja du bist es! meiner Freuden
Süßer, lieber Widerpart;
Eingedenk vergangner Leiden
Schaudr ich vor der Gegenwart.

Als die Welt im tiefsten Grunde
Lag an Gottes ewger Brust,
Ordnet' er die erste Stunde
Mit erhabner Schöpfungslust,
Und er sprach das Wort: Es werde!
Da erklang ein schmerzlich Ach!
Als das All mit Machtgebärde
In die Wirklichkeiten brach.

Auf tat sich das Licht: so trennte
Scheu sich Finsternis von ihm,
Und sogleich die Elemente
Scheidend auseinander fliehn.
Rasch, in wilden wüsten Träumen
Jedes nach der Weite rang,
Starr, in ungemeßnen Räumen,
Ohne Sehnsucht, ohne Klang.

Stumm war alles, still und öde,
Einsam Gott zum erstenmal!
Da erschuf er Morgenröte,
Die erbarmte sich der Qual;
Sie entwickelte dem Trüben
Ein erklingend Farbenspiel,
Und nun konnte wieder lieben,
Was erst auseinander fiel.

Und mit eiligem Bestreben
Sucht sich, was sich angehört;
Und zu ungemeßnem Leben
Ist Gefühl und Blick gekehrt.
Sei's Ergreifen, sei es Raffen,
Wenn es nur sich faßt und hält!
Allah braucht nicht mehr zu schaffen,
Wir erschaffen seine Welt.

So, mit morgenroten Flügeln,
Riß es mich an deinen Mund,
Und die Nacht mit tausend Siegeln
Kräftigt sternenhell den Bund.
Beide sind wir auf der Erde
Musterhaft in Freud und Qual,
Und ein zweites Wort: Es werde!
Trennt uns nicht zum zweitenmal.

Das Gedicht im übernationalen Kontext

Shakespeare ist in der Schlegel-Tieckschen Übersetzung so in die deutsche Literatur eingegangen, daß er zeitweilig gar als ein Teil von ihr empfunden wurde. Dickens, Tolstoj, Flaubert oder Mark Twain werden in deutschen Übersetzungen so selbstverständlich angenommen, daß kaum ein Leser den Namen des Übersetzers auch nur eines Blickes würdigt. In der Prosa scheint die Sprache ein beliebig austauschbares Kleid zu sein, und auch im Drama haben Shakespeare, Molière und Calderón die Sprachgrenze mühelos passiert, von Pinter und Beckett ganz zu schweigen. Nur der Lyrik ist dieser Sprung nie gelungen. Kein Dichter einer fremden Sprache, mit Ausnahme vielleicht von Villon, ist bei uns heimisch geworden. Ein Gedicht ist mit seiner äußeren Sprachhaut so fest verwachsen, daß ein Austausch derselben durch Transplantation einer anderen so viele Narben hinterläßt, daß der Leser sich nicht dauerhaft in das Gedicht verliebt, mag dessen sonstige Gestalt noch so schön sein. Das Ausgesperrtsein der Lyrik anderer Sprachen bewirkt aber auch, daß dichterische Leistungen in der eigenen Sprache immer nur an der inländischen Konkurrenz gemessen werden. Während der anspruchsvolle Prosaleser eher zu Tolstoj als zu Gustav Freytag greifen wird, bleibt der Lyrikleser seinem Stefan George treu, da ihm Yeats und Mallarmé verschlossen sind. Das hat in der literarischen Urteilsbildung zu mancherlei Provinzialismen geführt, die in der deutschen Literatur besonders auffällig sind, da diese, anders als die französische oder die englische, einen sehr zerklüfteten Verlauf genommen hat. Während z. B. die englische Lyrik von Shakespeare bis zur Gegenwart sich als ein Hochplateau mit vielen gleichmäßig verteilten Gipfeln darstellt, hat die deutsche nach Walther von der Vogelweide erst wieder zur Goethezeit ein gewaltiges Massiv aufzuweisen, dem dann zwischen Heine und Rilke wieder eine eher bescheidene Hügellandschaft folgt. Am krassesten fällt die deutsche Lyrik gegenüber der europäischen im 16. Jahrhun-

dert ab, als sich überall in den Nachbarländern die Sonett-
dichtung zur vollen Blüte entwickelte. Gaspara Stampa,
Tasso, Ronsard, Góngora, Shakespeare: dies sind bestau-
nenswerte Gipfel, die auf eine deutsche Literaturlandschaft
herabsehen, die in der Versdichtung einzig durch Hans
Sachs vertreten wird, während die übrigen literarischen
Talente sich vorwiegend im Reformationsstreit verbrauch-
ten. Erst im Barock gewann die deutsche Lyrik allmählich
wieder Anschluß an die europäische Entwicklung. Es ist von
fast makabrer Ironie, daß sie sich ausgerechnet in der Zeit
des Dreißigjährigen Krieges von den Folgen der geistigen
Religionskriege des vorangegangenen Jahrhunderts zu erho-
len begann. Martin Opitz war es, der der deutschen Dichtung einen neuen Grund legte, und Andreas Gryphius schuf
auf diesem Grund das bedeutendste lyrische Werk der Epoche. In der literarischen Landschaft seiner Zeit ist er zweifellos eine herausragende Erscheinung, so wie der Harz im
norddeutschen Flachland ein beachtliches Gebirge ist. Erst
wenn man ihn mit Zeitgenossen in den Nachbarliteraturen
vergleicht, wird man seinen Rang gerechter und objektiver
beurteilen können. Einen solchen Vergleich wollen wir nun
durchführen, wobei der Engländer John Donne, obwohl 44
Jahre älter als Gryphius, der Vergleichsmaßstab sein soll.
England hatte keine wirkliche Barockkultur. In der bildenden Kunst hatte der Barockstil gegenüber dem Klassizismus,
der als Palladianismus schon früh im 17. Jahrhundert nach
England kam, keine Chance, da er als künstlerischer Ausdruck der Gegenreformation empfunden wurde und damit
für das protestantische England inakzeptabel war. In der
Literatur kommen nur die sog. *metaphysical poets* der deutschen Barockdichtung nahe. Ihr herausragender Vertreter,
wenngleich abseits von den übrigen stehend, ist John
Donne. Mit ihm verglichen zu werden gereicht Gryphius
zweifellos zur Ehre. Doch zuerst einmal die beiden zu
vergleichenden Sonette:

Andreas Gryphius

Es ist alles eitel

Du siehst, wohin du siehst, nur Eitelkeit auf Erden,
Was dieser heute baut, reißt jener morgen ein;
Wo jetzund Städte stehn, wird eine Wiese sein,
Auf der ein Schäferskind wird spielen mit den Herden.

Was jetzund prächtig blüht, soll bald zertreten werden.
Was jetzt so pocht und trotzt, ist morgen Asch und Bein;
Nichts ist, das ewig sei, kein Erz, kein Marmorstein.
Jetzt lacht das Glück uns an, bald donnern die Beschwerden.

Der hohen Taten Ruhm muß wie ein Traum vergehn.
Soll denn das Spiel der Zeit, der leichte Mensch, bestehn?
Ach, was ist alles dies, was wir vor köstlich achten,

Als schlechte Nichtigkeit, als Schatten, Staub und Wind,
Als eine Wiesenblum, die man nicht wiederfindt!
Noch will, was ewig ist, kein einig Mensch betrachten.

John Donne

Tod, sei nicht stolz. Zwar halten manche dich
für stark und furchtbar, du bist keins von beiden.
Die du hinwegzuraffen scheinst, erleiden
nicht dich, du tötest weder sie noch mich.

Aus Ruh und Schlaf, Abbildern deines Wesens,
fließt viel Erquickung, wieviel mehr aus dir.
Die besten unter uns, der Menschheit Zier,
finden durch dich das Ziel ihres Genesens.

Du dienst der Macht, dem Zufall, blinder Wut,
und lebst mit Gift und Krankheit, Krieg dazu.
Ein wenig Schlafmohn gibt uns bessre Ruh.
Was blähst du dich dann auf in stolzem Mut?

Nach kurzem Schlaf sind wir des Himmels Erben,
und Tod wird nicht mehr sein. Tod, du mußt sterben.

Gryphius' Sonett ist wahrscheinlich sein bekanntestes und
sicher auch eins seiner schönsten. Dennoch merkt man
bereits beim Lesen, daß es an etwas krankt, was wir schon
bei der allgemeinen Betrachtung des Sonetts erwähnt haben:
nämlich am Alexandriner. Da die starre Zäsur jeden Vers
nach der dritten Hebung in zwei gleiche Hälften zerlegt,
muß man beim Lesen 28 mal neu ansetzen. Allenfalls in
Zeile 4 und 9 könnte man die Zäsur ein wenig einebnen, in
den übrigen Zeilen wird sie durch trennende Satzzeichen
eindeutig markiert. Nun ist aber gerade in diesem Sonett die
Wirkung des Alexandriners durchaus nicht so restringierend
wie in den meisten anderen jener Zeit. Da das Gedicht von
der Vergänglichkeit alles Irdischen handelt und dies
Memento Mori litaneihaft beschwörend vorträgt, passen die
kurzatmigen, fast wie Seufzer klingenden Alexandrinerhälf-
ten recht gut zur zentralen Aussage. Dennoch bleibt der
Vers eine Zwangsjacke, da er dem Dichter kaum eine Möglichkeit läßt, größere syntaktische Strukturen zu entwickeln.
Wie kann er einen komplexen Gedanken entfalten, wenn er
den Satz nach jeder sechsten Silbe durch eine gedankliche
und meist auch syntaktische Zäsur unterbrechen muß? Es
wundert deshalb nicht, daß Gryphius seine Bilder, Vergleiche und gedanklichen Aussagen nur additiv aneinanderreiht.
Gerade diese Reihung drückt aber wiederum recht gut das
gleichmäßige, unablässige und unaufhaltsame Hinschwin-
den alles Irdischen aus. Der Mangel an Komplexität wird
also in diesem Fall durch eine glückliche und eher zufällige
Übereinstimmung der Form mit dem Tenor der Aussage
wieder wettgemacht. Inhaltlich enthält das Gedicht nichts,
was einer Interpretation bedürfte. Der Grundgedanke ist
einfach und von unmittelbarer Evidenz. Da er in jeder Zeile
neu, wenn auch mit zunehmender Intensität, wiederholt
wird, gibt es in dem Gedicht nichts, das den Geist des Lesers
zum Widerspruch herausfordert, ihn zum Nachvollzug

eines schwierigen Gedankens zwingt oder ihn in ein ausweg-
loses intellektuelles Dilemma verstrickt. Dafür aber hat es
einen Ton von persönlicher Betroffenheit, es vermittelt ein
Gefühl von großer Authentizität. Hier bahnt sich unter der
einschnürenden Form bereits der schlichte, ergreifende
Liedton an, der bei Paul Gerhardt, Claudius und dann bei
den Romantikern zum deutschen Lyrikton schlechthin
wird. (Heine hat einmal das Lied und die Philosophie als
»die höchsten Blüten des deutschen Geistes« bezeichnet.)
Wie stellt sich nun gegenüber diesem lauteren, durch und
durch authentischen, aber auch jeder Komplexität entbeh-
renden Memento mori das Sonett von John Donne dar?
Obwohl es nicht in das Korsett des Alexandriners geschnürt
ist, sondern sich in fünfhebigen Jamben frei bewegt und von
dieser Freiheit tatsächlich so weiten Gebrauch macht, daß es
stellenweise wie Prosa klingt, ist sein Ton dennoch härter
und spröder als der liedhafte Ton bei Gryphius. Das liegt
sicher nicht an der Übersetzung; denn das englische Original
klingt eher noch spröder und unpoetischer. Donne gestaltet
sein Gedicht wie ein kasuistisches Plädoyer. Er spricht den
Tod an und bestreitet ihm das Recht, sich »mächtig und
furchtbar« zu nennen. Dies ist seine *proposition*, die er – wie
der Redner in einer *debating society* an einer englischen
Universität – nun zu begründen versucht. Zuerst nimmt er
sich das Argument »furchtbar« vor und weist nach, daß der
Tod dies keineswegs ist. Wenn schon Ruhe und Schlaf, die
doch nur Abbilder des Todes sind, uns so erquicken können, wie groß muß dann erst die Erquickung sein, die uns
das Original, der Tod selber, bereitet. Die Edelsten der
Menschheit folgen ihm und finden bei ihm die Ruhe ihrer
Gebeine und die Erlösung ihrer Seelen. Damit erscheint der
Tod als mächtiger Fürst, zu dem alles hinströmt, um ihm
Tribut zu zollen und seine Gunst zu empfangen. Der Dichter wollte nachweisen, daß der Tod nicht furchtbar ist. Dies
ist ihm vorzüglich gelungen, doch unversehens läßt er ihn
damit als mächtigen Herrscher erscheinen. Die Macht aber
hatte er ihm am Anfang ebenfalls abgesprochen. So muß er

sich nun daranmachen, auch diesen Anspruch überzeugend zurückzuweisen. Er nennt den Tod einen Sklaven, der dem Zufall, der Willkür von Königen und wahnwitzigen Menschen gehorcht und sich mit Gift, Krankheit und Krieg verbündet. Eben hieß es noch, der Tod könne weit mehr Lust spenden als Ruhe und Schlaf. Jetzt sagt der Dichter, daß Schlafmohn und Zaubertränke weit besseren Schlaf bereiten könnten. Die Entmachtung des Todes ist ihm damit rhetorisch gelungen, doch hat er ihn nun zum Inbegriff des Schreckens gemacht. Also müßte er wieder von vorn anfangen mit seinem Beweis, daß der Tod nicht schrecklich sei, und er würde sich erneut in das gleiche Dilemma verstricken; denn in Wirklichkeit weiß er genau, daß der Tod mächtig und furchtbar ist und daß ihm alle kasuistischen Finten nicht helfen, diese Tatsache aus der Welt zu schaffen. So zerhaut er den gordischen Knoten und zieht sich auf eine Glaubensposition zurück. Da er an das ewige Leben glaubt, kann der Tod nicht mehr sein als ein kurzer Schlaf, der die Seele ins Jenseits hinübergeleitet. Für den glaubenden Menschen gibt es darum keinen Tod; der Tod selber ist es, der zu verschwinden, zu sterben hat. Und so spricht er am Ende seines Plädoyers über den Tod das Todesurteil:

Death thou shalt die.

Dieser Satz klingt nicht wie eine Tatsachenbehauptung, man spürt darin keine faktische Gewißheit. Er klingt viel eher wie ein Befehl, wie eine defensive Kampfhandlung, die das Gespenst des mächtigen, schrecklichen Todes bannen soll, mit dem der Dichter das ganze Gedicht hindurch gerungen hat. Anders als bei Gryphius, der eine Grundtatsache des menschlichen Daseins mit lyrisch eindrucksvollen Worten ausspricht, spüren wir bei Donne die intellektuelle Spannung eines Geistes, der ganz persönlich mit dem Problem ringt. Das Gedicht macht nicht wie bei Gryphius bloß eine Aussage, sondern es stellt den Verlauf einer geistigen Auseinandersetzung dar. Denkt man sich bei Gryphius einmal die schöne poetische Einkleidung weg, so bleibt am Ende nur ein Gemeinplatz übrig. Bei Donne hingegen bleibt das Problem in seiner ganzen inneren Widersprüchlichkeit zurück: Angst, Hoffnung, Erlösungssehnsucht, Glaubensgewißheit und nagender Zweifel, alles ist im Gedicht präsent und gibt ihm so viel Substanz, daß diese selbst nach der Einkleidung in eine andere Sprache für den Leser noch in ihrer ganzen Komplexität nachvollziehbar ist.

Vergleich zweier motivverwandter Gedichte

Es ist eine jedermann vertraute Tatsache, daß Unterschiedliches leichter wahrgenommen wird als Identisches. Wenn nun ein Gedicht so glatt und fugenlos ist, daß sich keine Bruchstelle finden läßt, an der die Interpretation ihr kritisches »Warum?« ansetzen kann, dann ist es manchmal hilfreich, den Anlaß zu dieser Frage künstlich zu schaffen, indem man das Gedicht mit einem motivverwandten vergleicht. Aus den Unterschieden zwischen den beiden Gedichten ergibt sich dann zwangsläufig die Frage, weshalb das eine etwas so und das andere es anders ausdrückt. Ist das Motiv in beiden identisch, z. B. eine Herbstlandschaft, so wird das Augenmerk des Interpreten vor allem auf die unterschiedliche formale Behandlung gerichtet sein. Weisen die Motive aber nur eine vage Ähnlichkeit auf, so hilft uns die vergleichende Interpretation auch, den jeweils spezifischen Gehalt besser zu verstehen. Ein solcher Vergleich soll am Beispiel der beiden folgenden Gedichte durchgeführt werden.

Joseph Freiherr von Eichendorff

Zwielicht

Dämmrung will die Flügel spreiten,
Schaurig rühren sich die Bäume,
Wolken ziehn wie schwere Träume –
Was will dieses Graun bedeuten?

Hast ein Reh du lieb vor andern,
Laß es nicht alleine grasen,
Jäger ziehn im Wald und blasen,
Stimmen hin und wieder wandern.

Hast du einen Freund hienieden,
Trau ihm nicht zu dieser Stunde,
Freundlich wohl mit Aug und Munde,
Sinnt er Krieg im tück'schen Frieden.

Was heut müde gehet unter,
Hebt sich morgen neugeboren.
Manches bleibt in Nacht verloren –
Hüte dich, bleib wach und munter!

Theodor Storm

Meeresstrand

Ans Haff nun fliegt die Möve,
und Dämmrung bricht herein;
Über die feuchten Watten
Spiegelt der Abendschein.

Graues Geflügel huschet
Neben dem Wasser her;
Wie Träume liegen die Inseln
Im Nebel auf dem Meer.

Ich höre des gärenden Schlammes
Geheimnisvollen Ton,
Einsames Vogelrufen –
So war es immer schon.

Noch einmal schauert leise
und schweiget dann der Wind;
Vernehmlich werden die Stimmen,
Die über der Tiefe sind.

Die Ähnlichkeit der beiden Gedichte liegt vor allem in ihrer gemeinsamen atmosphärischen Grundstimmung. Beide evozieren einen Dämmerzustand zwischen Tag und Nacht; beide beschreiben diesen Zustand als etwas, das das Vertraute fremd werden läßt, so daß ein Gefühl von Ungewißheit bei gleichzeitig geschärfter Wahrnehmung aufkommt. In der dichterischen Umsetzung aber schlagen sie beide entgegengesetzte Richtungen ein. Eichendorff bezieht sich zwar auf äußere Realität – Bäume, Reh, Jäger, Wald –, aber er fügt diese Bilder nicht zu einem kohärenten Landschaftsbild. Von der ersten Zeile an weiß der Leser, daß nicht eine äußere, sondern eine Seelenlandschaft beschrieben wird. Die Dämmerung wird mit einem geheimnisvollen Vogel verglichen, der seine Flügel ausbreitet, um seinen nächtlichen Flug anzutreten; die Bäume erscheinen als nach außen getretener Ausdruck eines inneren Schauders, und die Wolken werden, noch direkter, mit schweren Träumen verglichen. Bei der Erwähnung des Rehs weiß der Leser, daß kein wirkliches Reh gemeint sein kann; denn wie sollte man ein bestimmtes Reh mehr lieben als die anderen? Offensichtlich steht »Reh« hier für etwas Zartes, Gefährdetes, um das man sich in Liebe sorgt. Das heißt aber, daß auch die Jäger nur gleichnishaft zu verstehen sind. Ganz ins Innere der Seele geht dann die dritte Strophe. Hier wird der Zustand der Ungewißheit und Bedrohung sehr klar und sehr radikal ausgesprochen; denn es heißt dort, daß man nicht einmal einem Freunde trauen darf. Die vierte Strophe nimmt von dieser düsteren Warnung wieder etwas zurück, indem sie die Zeit der Gefahr auf jene zwielichtige Phase der Müdigkeit zwischen Nacht und Tag einschränkt. Bleibt man wach und munter, so ist man offenbar gegen den Trug des Zwielichts gefeit. Das Gedicht hebt also den atmosphärischen Zustand des Zwielichts in die ethische Dimension und spricht die Forderung aus, wach zu bleiben und nicht der Versuchung nachzugeben, die dann an den Menschen herantritt, wenn sein Blick durch das Zwielicht, also durch einen Mangel an Bewußtsein, getrübt ist. Dies ist eine Ethik aus dem Umkreis des Kantischen kategorischen Imperativs, die dem Menschen die permanente Willensbestimmung durch die wache Vernunft zur moralischen Pflicht macht. Allerdings ist bei Eichendorff das Wach-und-munter-Bleiben dem Tag und der Zeit des Zwielichts zugeordnet. Daneben gibt es aber noch die Nacht, in die der Mensch in Müdigkeit versinkt und der er dann ausgeliefert ist. Das Gedicht sagt inhaltlich nichts über sie aus, sondern stellt sie nur als Gegenpol zum Tag dar. Dies ist die spezifisch dichterische Weise, ein Problem zu entfalten. Während der Philosoph es diskursiv entwickeln und zu einer klaren Ja-nein-Entscheidung führen muß, kann der Dichter die im Problem offenbarwerdenden Antinomien, den Widerstreit der Wertpositionen, zeigen, ohne sie auflösen zu müssen. Ja, das Dichterische daran ist gerade, daß er sie nicht auflöst, daß er weder Erklärungen gibt noch Schlußfolgerungen zieht. Eichendorffs Gedicht stellt den Tag, auf den die Zeile

Hebt sich morgen neugeboren

verweist, als das Reich der Bewußtheit der Nacht als dem Reich der Bewußtlosigkeit gegenüber, ohne inhaltlich etwas über die beiden moralischen Sphären auszusagen. Die einzige moralische Aussage ist der Appell, sich im Zwielicht durch Wachbleiben gegen das Dunkel zu behaupten.

Nun zum Vergleich das Gedicht von Storm. Auch hier taucht gleich am Anfang das Wort »Dämmrung« auf, und Eichendorffs »schaurig« kehrt bei Storm in der vierten Strophe als »schauert« wieder. Desgleichen ist von Träumen die Rede, die bei Eichendorff mit Wolken, bei Storm mit Inseln verglichen werden. Während aber bei Eichendorff eine Seelenlandschaft beschworen wird, in die die reale Außenwelt in Gestalt von Bäumen, Wolken, dem Wald und dem Reh inselhaft hineinragt, wird bei Storm das Bild einer realen Küstenlandschaft entworfen, in das nun umgekehrt durch den Vergleich der Inseln mit Träumen etwas Seelisches hineinragt. Die Träume sind also selber wie Inseln der Innenwelt in einem Bild durchgängiger Außenwelt. Dieses reziproke Verhältnis der beiden Gedichte veranschaulicht sehr sinnfällig die unterschiedlichen literarhistorischen Epochen, denen die Dichter angehören. Eichendorff ist Spätromantiker; Storm, obwohl formal noch unter dem Einfluß der Romantik, ist Realist. Dieser Unterschied betrifft auch die gedankliche Substanz der Gedichte. Während Eichendorff das Naturbild in Seelenlandschaft verwandelt und damit ethisiert, beschreibt Storm es als etwas Objekthaftes. Aber auch bei ihm öffnet sich am Schluß das physisch-reale Bild und verweist auf etwas Immaterielles:

> Vernehmlich werden die Stimmen,
> Die über der Tiefe sind.

Dies klingt jedoch kaum wie eine Warnung, sondern eher wie das Offenbarwerden von etwas Verborgenem. Wie bei Eichendorff haben wir es mit drei Sphären zu tun: der dunklen Tiefe, der hellen Oberwelt und der Dämmerung dazwischen. Das Wort »Tiefe«, zumal im Kontext eines Bildes vom Meeresstrand, hat sicher etwas Bedrohliches, da es im Leser sogleich die Vorstellung von Ertrinken weckt, wobei durch das Bild des gärenden Schlammes noch die Vorstellung des Versinkens hinzukommt. Da das Gedicht die ganze Szenerie mit großer Intensität vergegenwärtigt, evoziert es im Leser Vorstellungen, die mit vagen, nicht genau definierbaren Bedeutungen aufgeladen sind. Aber unter diesen Bedeutungen wird wohl kaum eine Aufforderung zum Wachbleiben sein. Die »Tiefe« mag zwar etwas Bedrohliches haben, aber die Stimmen über ihr laden eher dazu ein, ihrem Geheimnis zu lauschen. Das Gedicht vermittelt nicht den Gestus des Auf-der-Hut-Seins, sondern den des lauschend hingeneigten Ohrs. Dieser Unterschied gegenüber Eichendorff ist literatur- und bewußtseinsgeschichtlich sehr aufschlußreich. Die Romantiker, die unter dem Einfluß des spekulativen Idealismus standen, strebten nach einer zunehmenden Vergeistigung des Materiellen. In der zweiten Hälfte des 19. Jahrhunderts macht sich dagegen schon die beginnende Geistmüdigkeit bemerkbar, die sich in der durch Schopenhauer, Nietzsche und Bergson vertretenen Lebensphilosophie ausdrückt und schließlich im Irrationalismus unseres Jahrhunderts kulminiert. Storms volksliedhaft schlichtes und in seiner Anschaulichkeit sehr poetisches Gedicht läßt an der Oberfläche nichts von irgendwelchen philosophischen Implikationen erkennen. Wenn man es aber mit Eichendorffs Gedicht vergleicht und nach den Gründen für die Unterschiede fragt, öffnet sich der Blick auf den bewußtseinsgeschichtlichen Kontext. Man spürt dann bereits die ersten Anklänge jenes Kokettierens mit der Tiefe, dem Dumpfen und Chthonischen, das im 20. Jahrhundert immer breiteren Raum einnimmt und im Blut-und-Boden-Kult des Nationalsozialismus seine fatalste Blüte treibt – mit dem Storm, dies sei mit Nachdruck gesagt, allerdings nicht das geringste zu tun hat.

Vergleich zweier gattungsverwandter Gedichte

Balladen gehören zu den am wenigsten interpretationsbedürftigen Gedichten. Da sie keine eigentlich lyrischen, sondern erzählende Texte sind, geht es bei ihnen nicht um den Aufbau komplexer Klang-, Bild- und Sinnstrukturen, sondern um die möglichst effektvolle Präsentation der erzählten Geschichte. Bereits aus diesem Grunde ist ihre Machart meist schon an der Oberfläche abzulesen. Außerdem stehen sie in der Tradition der Volksballade und bemühen sich deshalb um unmittelbare Verständlichkeit. Dies gilt auch für solche Balladen, die sich weit von Form und Ton der Volksballade entfernen. Die Interpretation einer einzelnen Ballade droht deshalb leicht zu einer bloßen Beschreibung dessen zu werden, was offen zutage liegt. Deshalb wollen wir im folgenden zwei Balladen miteinander vergleichen, um durch die Wahrnehmung der Unterschiede zu einem besseren Verständnis der Eigentümlichkeiten jeder einzelnen zu gelangen. Unsere Beispiele – Goethes »Erlkönig« und Schillers »Handschuh« – gehören zu den bekanntesten deutschen Balladen überhaupt. Beide Gedichte können als klassische

Beispiele für die beiden unterschiedlichen Balladentraditionen gelten. Während Goethe sich an die Tradition der Volksballade anlehnt, schreibt Schiller eine reine Kunstballade, die nichts mehr mit der volkstümlichen Form gemein hat.

Johann Wolfgang Goethe

Erlkönig

Wer reitet so spät durch Nacht und Wind?
Es ist der Vater mit seinem Kind;
Er hat den Knaben wohl in dem Arm,
Er faßt ihn sicher, er hält ihn warm.

Mein Sohn, was birgst du so bang dein Gesicht? –
Siehst, Vater, du den Erlkönig nicht?
Den Erlenkönig mit Kron und Schweif? –
Mein Sohn, es ist ein Nebelstreif. –

»Du liebes Kind, komm, geh mit mir!
Gar schöne Spiele spiel ich mit dir;
Manch bunte Blumen sind an dem Strand,
Meine Mutter hat manch gülden Gewand.«

Mein Vater, mein Vater, und hörest du nicht,
Was Erlenkönig mir leise verspricht? –
Sei ruhig, bleibe ruhig, mein Kind;
In dürren Blättern säuselt der Wind. –

»Willst, feiner Knabe, du mit mir gehn?
Meine Töchter sollen dich warten schön;
Meine Töchter führen den nächtlichen Reihn
Und wiegen und tanzen und singen dich ein.«

Mein Vater, mein Vater, und siehst du nicht dort
Erlkönigs Töchter am düstern Ort? –
Mein Sohn, mein Sohn, ich seh es genau:
Es scheinen die alten Weiden so grau. –

»Ich liebe dich, mich reizt deine schöne Gestalt;
Und bist du nicht willig, so brauch ich Gewalt.«
Mein Vater, mein Vater, jetzt faßt er mich an!
Erlkönig hat mir ein Leids getan! –

Dem Vater grauset's, er reitet geschwind,
Er hält in Armen das ächzende Kind,
Erreicht den Hof mit Mühe und Not;
In seinen Armen das Kind war tot.

Friedrich Schiller

Der Handschuh

Vor seinem Löwengarten,
Das Kampfspiel zu erwarten,
Saß König Franz
Und um ihn die Großen der Krone
Und rings auf hohem Balkone
Die Damen in schönem Kranz.

Und wie er winkt mit dem Finger,
Auf tut sich der weite Zwinger,
Und hinein mit bedächtigem Schritt
Ein Löwe tritt
Und sieht sich stumm
Rings um,
Mit langem Gähnen,
Und schüttelt die Mähnen
Und streckt die Glieder
Und legt sich nieder.

Und der König winkt wieder,
Da öffnet sich behend
Ein zweites Tor,
Daraus rennt
Mit wildem Sprunge
Ein Tiger hervor.

Wie der den Löwen erschaut,
Brüllt er laut,
Schlägt mit dem Schweif
Einen furchtbaren Reif
Und recket die Zunge,
Und im Kreise scheu
Umgeht er den Leu
Grimmig schnurrend:
Drauf streckt er sich murrend
Zur Seite nieder.

Und der König winkt wieder,
Da speit das doppelt geöffnete Haus
Zwei Leoparden auf einmal aus,
Die stürzen mit mutiger Kampfbegier
Auf das Tigertier,
Das packt sie mit seinen grimmigen Tatzen,
Und der Leu mit Gebrüll
Richtet sich auf, da wird's still,
Und herum im Kreis,
Von Mordsucht heiß,
Lagern die greulichen Katzen.

Da fällt von des Altans Rand
Ein Handschuh von schöner Hand
Zwischen den Tiger und den Leun
Mitten hinein.

Und zu Ritter Delorges spottenderweis
Wendet sich Fräulein Kunigund:
»Herr Ritter, ist Eure Lieb so heiß,
Wie Ihr mir's schwört zu jeder Stund,
Ei, so hebt mir den Handschuh auf.«
Und der Ritter in schnellem Lauf
Steigt hinab in den furchtbaren Zwinger
Mit festem Schritte,
Und aus der Ungeheuer Mitte
Nimmt er den Handschuh mit keckem Finger.

Und mit Erstaunen und mit Grauen
Sehen's die Ritter und Edelfrauen,
Und gelassen bringt er den Handschuh zurück.
Da schallt ihm sein Lob aus jedem Munde,
Aber mit zärtlichem Liebesblick –
Er verheißt ihm sein nahes Glück –
Empfängt ihn Fräulein Kunigunde.
Und er wirft ihr den Handschuh ins Gesicht:
»Den Dank, Dame, begehr ich nicht«,
Und verläßt sie zur selben Stunde.

Schon äußerlich zeigen die beiden Balladen auffällige Unterschiede: bei Goethe nach Art der Volksballade eine strophische Gliederung, bei Schiller eine Aufteilung in Sinnabschnitte, deren Länge, wie die der Verszeilen, stark variiert. Im »Handschuh« weiß der Leser von Anfang an, daß ihm eine Geschichte erzählt wird. Das Gedicht beginnt wie eine Erzählung im epischen Präteritum. Mit Beginn des zweiten Absatzes geht das Erzähltempus zwar ins Präsens über, was eine Art temporalen Zoom-Effekt bewirkt und das Geschehen näher an den Leser heranholt; dennoch weiß dieser, daß er alles durch das Kamera-Auge des Erzählers sieht. Alle qualifizierenden Adjektive – »weit«, »bedächtig«, »behend«, »wild«, »fruchtbar«, »mutig«, usw. – sprechen ein Urteil über die jeweils qualifizierte Sache und setzen damit einen Urteilenden voraus. Der Erzähler bleibt also in jeder Zeile präsent. Er steht wie ein unsichtbarer Dompteur im Löwenkäfig und führt nacheinander seine Raubkatzen vor, indem er jede mit einer detaillierten Beschreibung ihres Verhaltens präsentiert.
Ganz anders im »Erlkönig«. Hier steht am Anfang die rhetorische Frage »Wer reitet so spät durch Nacht und Wind?« Die Frage bewirkt, daß der Leser sich mit dem Fragenden identifiziert, und das Präsens signalisiert ihm, daß ihm keine Geschichte erzählt wird, sondern daß er Augenzeuge eines Geschehens werden soll. Das bedeutet, daß auch die Antwort auf die Frage nicht von einem Erzäh-

ler kommt, sondern aus dem Munde eines anonymen Präsentators, der nur ausspricht, was der Leser in der Fiktion selbst zu sehen glaubt. Danach verschwindet der Präsentator aus dem Gedicht, und die nächsten sechs Strophen, die das zentrale Geschehen darstellen, bestehen ausschließlich aus Dialogen zwischen Vater, Sohn und dem Erlkönig. Erst in der letzten Strophe kehrt der Präsentator wieder und schließt das Gedicht ab, indem er mit knappen Worten den Ausgang des Geschehens berichtet; und auch hier bleibt der Leser innerhalb der Fiktion, daß er das, was dort in der dritten Person beschrieben wird, selber sieht. Während »Der Handschuh« ein durchgängig episches Gedicht ist, bei dem ein dramatisch gespanntes Geschehen durch Beschreibung vergegenwärtigt wird, ist der »Erlkönig« eine Art Miniaturdrama mit einem epischen Vor- und Nachspann. Dieser epische Rahmen stellt Vorgänge dar, aber er enthält sich jeder Beschreibung. Die wenigen Adjektive darin drücken objektive Qualitäten und keine subjektiven Wertungen aus. Das, was sich dem Leser als szenische Realität einprägt, sind nicht die mageren Angaben der ersten und letzten Strophe, sondern es ist die phantastische Szenerie, die sich indirekt aus den Dialogen ergibt. Ohne daß irgend etwas im eigentlichen Sinne beschrieben wird, sieht der Leser dennoch vor sich eine nächtliche Landschaft mit Weiden im Nebeldunst und die gespenstische Erscheinung des Erlkönigs »mit Kron und Schweif«. Die großartige Wirkung dieser nicht zu Unrecht so berühmten Ballade beruht sicher zu einem großen Teil darauf, daß sie ohne jede Beschreibung von außen auskommt und dennoch ein Szenenbild von höchster Dichte beschwört. Dies ist die Technik der alten Volksballade, die ebenfalls weitgehend auf Beschreibung verzichtet und das Geschehen durch knappe Berichte und durch dramatische Wechselrede entfaltet.

Von ganz anderer Art ist die Wirkung des »Handschuh«. Hier ist nichts Übernatürliches im Spiel, dem Leser läuft kein Schauer über den Rücken, er verfolgt nur gespannt ein kunstvoll präsentiertes Geschehen. Kunstvoll ist es in der

Tat. Mit großer sprachlicher Virtuosität gelingt es Schiller, die drei verschiedenen Raubkatzenarten so darzustellen, daß sich ihre unterschiedlichen Bewegungstypen beinahe lautmalerisch abbilden. Er erreicht dies durch geschickte Wahl der Klangqualitäten, vor allem aber durch das Metrum. So wird die träge, gelangweilt-bedächtige Gangart des Löwen zum einen durch sehr gedehnte Vokale – Gähnen, Mähnen – und zum anderen durch ein langsames Metrum zum Ausdruck gebracht. Das Gedicht arbeitet mit einem unregelmäßigen Wechsel von Zweier- und Dreiertakten, die steigend oder fallend sein können. Während steigende Metren die Bewegung eher stauen, wirken fallende beschleunigend. Diese unterschiedlichen Wirkungen werden von Schiller mit großer Kunstfertigkeit ausgenutzt. So läßt er den Auftritt des Löwen mit einer anapästischen Zeile beginnen, also einem steigenden Metrum, das die Bewegung staut:

> Und hinein mit bedächtigem Schritt
> Ein Löwe tritt

Nähme man vom ersten Anapäst eine Silbe weg, so würde sich das Tempo erheblich beschleunigen, da wir dann die unbetonte Anfangssilbe wahrscheinlich als Auftakt empfinden und die folgenden Versfüße als fallende Daktylen lesen würden. Das läßt sich leicht an der Zeile ablesen, mit der die Leoparden beschrieben werden:

> Die stürzen mit mutiger Kampfbegier
> Auf das Tigertier

Hier haben wir es nach dem Auftakt mit Daktylen zu tun, die der ganzen Bewegung einen raschen Hüpf- oder Sprungcharakter verleihen. In der zweiten Zeile geht der fallende Daktylus in den steigenden Anapäst über. Dadurch wird die Bewegung gestaut, was natürlich Absicht ist, da an dieser Stelle die Bewegung der Leoparden vom Tiger gestoppt wird. Der Daktylus als charakteristische Gangart der Leoparden war schon in den beiden vorangegangenen Zeilen vorbereitet worden:

137

Da speit das doppelt geöffnete Haus
Zwei Leoparden auf einmal aus

Ganz anders als das träge Schreiten des Löwen und die
schnellen Sprünge der Leoparden ist die Bewegung des
Tigers, der »mit wildem Sprunge« eintritt, dann aber sofort
die Bewegung abstoppt und in ein lauerndes Kreisen von
gestauter Kraft übergeht. Diese Mischung aus Schnelligkeit,
Kraft und lauernder Zurückhaltung wird durch einen ständi-
gen Wechsel von steigenden und fallenden, von zweiviertel-
und dreivierteltaktigen Metren zum Ausdruck gebracht:

> Wie der den Löwen erschaut,
> Brüllt er laut,
> Schlägt mit dem Schweif
> Einen furchtbaren Reif
> Und recket die Zunge
> Und im Kreise scheu
> Umgeht er den Leu

Mit ähnlicher Raffinesse wird der weitere Verlauf des Balla-
dengeschehens vorgeführt: Der Kampf des Tigers gegen die
Leoparden; das Gebrüll des Löwen, der mit seiner Autorität
Ruhe herstellt; die lauernde Stille; das Fallen des Hand-
schuhs und der Gang des Ritters in den Zwinger. Es dürfte
dem Leser nicht schwerfallen, dem Dichter dabei auf die
Finger zu sehen.
Schiller zeigt seine Beherrschung des Handwerks ganz
offen. Während im »Erlkönig« irrationales Dunkel herrscht,
liegt im »Handschuh« alles in hellem Tageslicht. Goethes
Gedicht vermittelt den Schauer des Numinosen, ohne
jedoch darüber irgendeine Aussage zu machen. Die Botschaft ist weder eine Warnung vor dämonischen Kräften in
der Natur noch umgekehrt eine Warnung vor Aberglauben.
Wenn das Gedicht überhaupt eine Aussage hat, dann die,
daß es »mehr Dinge zwischen Himmel und Erde gibt, als
unsere Schulweisheit sich träumen läßt«, wie schon Shakespeares Hamlet sagte. Auch Schillers »Handschuh« hat

keine Botschaft im Sinne eines *fabula docet*, einer abschließenden »Moral von der Geschicht«. Er will weder junge Männer zu mutigem Handeln animieren, noch rät er ihnen, einer Dame, die nur männliches Imponiergehabe bewundert, den Handschuh ins Gesicht zu werfen. Beide Gedichte tun nichts weiter, als einen spannungsreichen Vorgang balladenhaft darzustellen. Aber sie tun es aus zwei entgegengesetzten Künstlertemperamenten heraus. Goethe schreibt ein Gedicht, das in seiner Form so naturwüchsig erscheint wie eine Volksballade und das inhaltlich die natürliche Außenwelt als eine dämonische Sphäre darstellt, die sich der rationalen und damit ethischen Kontrolle entzieht. Schiller schreibt ein Gedicht, das in jedem Wort, in jeder Zeile die handwerkliche Kunst des Dichters erkennen läßt und das inhaltlich einen Vorgang darstellt, in dem es um ethisches, um rationales Handeln geht. Die Raubkatzen haben nichts Dämonisches an sich, sie sind nur gefährlich. Das Handeln des Ritters Delorge folgt einem rationalen Kalkül. Um den falschen, irrationalen Begriff von Männlichkeit zu entlarven, mit dem die Dame sein Ehrgefühl verletzt, geht er ein kalkuliertes Risiko ein, indem er die mutige, aber vollkommen irrationale, weil unvernünftige Tat vollbringt und sie anschließend dadurch entwertet, daß er der Dame den Handschuh ins Gesicht wirft und auf die Belohnung durch ihre Gunst verzichtet. Schillers formal artifizielle und inhaltlich ethisierte Ballade wurde und wird von der Kritik bis heute viel weniger geschätzt als Goethes Gedicht, das die Naivität einer Volksballade ausstrahlt und vom Hauch des Numinosen umweht ist. Diese unterschiedliche Beurteilung hängt natürlich damit zusammen, daß wir in einer nachromantischen Zeit leben und daß alle unsere Urteile über Dichtung noch immer durch die klassisch-romantische Ästhetik geprägt sind. Schiller stand nicht in der klassisch-romantischen, sondern in der barock-klassizistischen Tradition. Er zeigt sein Handwerk, so wie die barocken Dichter es taten, und er spielt mit der Sprache und bedient sich der formalen Ausdrucksmittel, um die behandelten Gegenstände in das hellste Licht der *ratio* zu rücken, so wie es die Franzosen Corneille und Racine oder – in satirischer Tonlage – der Engländer Alexander Pope taten. Faßt man die durch diese Namen repräsentierte Stilepoche als europäischen Klassizismus, wofür einiges spricht, so war Schiller der größte Klassizist in deutscher Sprache, während man Goethe, den wir als deutschen Klassiker zu sehen gewohnt sind, aus europäischer Sicht eigentlich den größten Romantiker nennen müßte, was die Franzosen auch tatsächlich tun.

Vorromantische Bildersprache

Seit Goethe sind wir daran gewöhnt, in Gedichten reale Bilder von solcher Prägnanz und Dichte zu erwarten, daß sie für uns jenen geheimnisvollen Verweisungscharakter annehmen, den Goethe als das Wesen des Symbols definiert hat. Gedichte, in denen die Bilder rational auflösbare Vergleiche darstellen, gelten demgegenüber als von minderem Rang. Dies ist eine sehr einseitige und ungerechte Wertung. Im 16. und 17. Jahrhundert haben große Dichter den Vergleich so kunstvoll eingesetzt, daß er dem Symbol an Ausdruckskraft keineswegs nachstand. Vor allem im Manierismus, jener schwer zu bestimmenden Stilepoche zwischen Renaissance und Barock, erfreute sich eine bestimmte Form des Vergleichs großer Beliebtheit, die in der Literaturwissenschaft mit dem italienischen Wort *concetto* oder auf englisch als *conceit* bezeichnet wird. Man versteht darunter einen extrem elaborierten Vergleich, der durch mehrere Vergleichsebenen durchgespielt wird und auf jeder Ebene eine neue Bedeutungsnuance erkennen läßt. Wenn es dem Dichter gelang, die aufeinanderfolgenden Vergleiche durch einen scheinbar logischen Zusammenhang miteinander zu verknüpfen, galt das *conceit* als besonders virtuos. Je weiter hergeholt und je verblüffender die Vergleiche waren, um so höherer Wertschätzung erfreuten sie sich. Shakespeare, John Donne und der Spanier Góngora haben dieses Kunstmittel mit großer Meisterschaft eingesetzt, was den beiden letztgenannten allerdings in der Zeit des Klassizismus und der Romantik den Ruf eingebracht hatte, gekünstelte Manieristen zu sein. Inzwischen hat sich die Einsicht durchgesetzt, daß man diese Dichter nicht an der klassisch-romantischen Poetik messen darf, sondern an der, die sie selber praktizieren, und an deren Leistungsfähigkeit. Seitdem gehören die genannten zu den Sternen erster Ordnung am Dichterhimmel Europas.

Was das *conceit* zu leisten vermag, soll nun an einem Beispiel demonstriert werden. Da die deutsche Dichtung in der Blütezeit des *concettismo*, also um 1600, keinen Dichter von Rang aufzuweisen hat, der es mit den obengenannten hätte aufnehmen können, wählen wir ein Sonett des größten englischen Meisters dieser Form, Shakespeare. Das Thema des Gedichts ist das wohl am häufigsten behandelte Motiv der gesamten Lyrik von der Renaissance bis zum Barock: die Vergänglichkeit. Bevor wir uns aber dem Gedicht selbst zuwenden, verdient die Aufgabe, die der Dichter sich darin gestellt hat, eine kurze Betrachtung. Wenn sein Sonett über den Zahn der Zeit nicht bloß die Wiederholung einer tausendmal breitgetretenen Platitüde werden soll, wird er das Vergehen der Zeit so darstellen müssen, daß der Leser auf dem engen Raum der 14 Zeilen durch die verschiedensten Aspekte und Dimensionen der Zeit hindurchgeführt wird. So könnte der Dichter z. B. versuchen, Gegenwart, Vergangenheit und Zukunft darzustellen; er könnte die physikalisch-objektive mit der subjektiv erlebten Zeit vergleichen oder dem unaufhaltsamen Zeitfluß die überwundene, stillgestellte Zeit, also die Ewigkeit, gegenüberstellen. Je mehr von diesen problematischen Facetten des Motivs in das Gedicht eingearbeitet werden, um so beziehungsreicher und um so weniger platitüdenhaft wird dann das fertige Werk sein. Hier nun das Sonett sowie der Versuch einer Nachdichtung:

Like as the waves make towards the pebbled shore,
So do our minutes hasten to their end;
Each changing place with that which goes before,
In sequent toil all forward do contend.
Nativity, once in the main of light,
Crawls to maturity, wherewith being crowned,
Crookèd eclipses 'gainst his glory fight,
And Time that gave doth now his gift confound.
Time doth transfix the flourish set on youth,
And delves the parallels in beauty's brow,
Feeds on the rarities of nature's truth,
And nothing stands but for his scythe to mow.
    And yet to times in hope my verse shall stand,
    Praising thy worth, despite his cruel hand.

So wie die Wellen hin zum Kieselstrand,
So hasten die Minuten unsres Lebens
Ans Ziel, und jede tauscht mit der, die schwand,
Und ist ein Teil des gleichen Vorwärtsstrebens.
Geburt, kaum in des Lebens hellem Glanz,
Kriecht hoch zur Reife, steht gekrönt im Lichte,
Schon droht Verfinstrung ihrem Strahlenkranz,
Und Zeit, die gab, macht ihr Geschenk zunichte.
Die Zeit kerbt in der Schönheit Stirn die Spur,
Durchbohrt die Jugend, blütenübersät,
Verzehrt die Kostbarkeiten der Natur,
Und alles steht nur, daß sie's niedermäht.
    Und doch, so hoff' ich, hat mein Vers Bestand
    Zu Deinem Lob, trotz ihrer harten Hand.

Shakespeare beginnt mit dem Bild der unablässig an den Strand rollenden Wellen, die er mit den Minuten unsres Lebens vergleicht. Zeit erscheint damit als etwas, das auf uns zukommt, als Zukunft; zugleich aber auch als etwas, das in zählbaren Einheiten eines periodischen Vorgangs gemessen werden kann. Die Wellen sind, wie Pendelschwünge oder die Schwingungen eines Quarzkristalls, diskrete Einheiten, die der Physiker als Maßeinheiten der objektiven Zeit verwenden kann. Es handelt sich hier also um einen Zeitbegriff, den man digital nennen könnte, da er Zeit durch zählbare *digits* darstellt.

Das zweite Quartett zeichnet die Lebenszeit des einzelnen nach: Geburt, Aufstieg, Kulmination, Abstieg, Untergang. Der astronomische Begriff *eclipse* signalisiert, daß der Leser hinter dieser Kurve des menschlichen Lebens den Sonnenlauf sehen soll. Zeit ist jetzt nicht mehr das unaufhörliche Auf-uns-Zukommen diskreter Einheiten, sondern eine einzige zugeteilte Einheit, die der Mensch von Punkt zu Punkt durchläuft, bis er ihr unabänderliches Ende erreicht. Diese Zeit wird an jedem Punkt anders erfahren, es ist erlebte Zeit. Während das erste Quartett Zeit digital darstellte, haben wir es jetzt mit einer Darstellung zu tun, wie wir sie von Analoguhren kennen, deren Kreisbewegung den Sonnenlauf nachahmt. Genaugenommen ist ja nur die Sonnenuhr eine echte Analoguhr, da nur sie die Zeit als fließendes Kontinuum abbildet und nicht aus diskreten *digits* zusammensetzt.

Das dritte Quartett bringt eine weitere Auffassung von Zeit ins Spiel. Jetzt erscheint sie personifiziert als die unerbittliche Zerstörerin von Jugend und Schönheit. Als solche arbeitet sie dem Tod in die Hände und wird zuletzt mit diesem identifiziert; die Zeit wird zum Sensenmann, der Zeitverlauf zu einem unablässigen Sterben.

Diesem auf drei Bedeutungsebenen entwickelten *conceit* auf die Zeit setzt der Dichter im abschließenden *couplet* einen ganz anderen Zeitbegriff entgegen, nämlich Zeit als ewige Dauer. Solche Ewigkeit will der Dichter durch die Kunst seines Verses schaffen und dem reißenden Zeitstrom entgegenstellen, und dadurch will er den nun zum erstenmal erwähnten Adressaten des Gedichts dem Zahn der Zeit entreißen. Mit der Jugend und der Schönheit, von denen im dritten Quartett die Rede war, waren offensichtlich Eigenschaften des Angeredeten gemeint, für die der Dichter mit seinen Versen ein unzerstörbares Gehäuse bauen will, damit sein Wert (»thy worth«) darin auf ewig überdauern kann.

Mit dem wortspielerischen Echo von *worth* auf *verse* sind wir bei einem weiteren Aspekt der handwerklichen Kunstfertigkeit des Gedichts. Was auf der Bedeutungsebene in den wechselnden Facetten des *conceits* zum Ausdruck kommt, wird auf der lautlichen Ebene durch virtuose Sprachkunst unterstützt. So wird z. B. der weiche Fluß der Wellen durch eine Folge von Wörtern mit Nasalen und Liquiden (minutes, end, toil, contend) zum Ausdruck gebracht, worin Wörter mit Zischlauten (hasten, changing, sequent) eingebettet sind, die das Rauschen der Wellen nachbilden. Im zweiten Quartett geht es darum, die aufsteigende, kulminierende und wieder absteigende Bewegung darzustellen. Shakespeare erreicht dies durch einen syntaktischen Kunstgriff. Indem er in den Hauptsatz zwei verkürzte Nebensätze einschiebt, zwingt er den Leser, der das Gedicht laut zu realisieren versucht, dazu, mit der Stimme nach oben zu gehen und dann wieder zur Stimmlage des Hauptsatzes zurückzukehren. So wird durch den Sprachfluß des Satzes das abgebildet, was der Satz selbst semantisch aussagt. Zur weiteren Intensivierung des Gesagten wird das Unerbittliche der Zeit durch eine Folge von Wörtern mit harten Explosivlauten unterstrichen (nativity, crawls, maturity, crowned, crooked, eclipses, confound). Die Härte der gehäuften t- und k-Laute wird keinem Leser entgehen.

Die vorliegende Übersetzung versucht, lautlich, syntaktisch und inhaltlich dem Original möglichst nahezukommen. Man könnte sich aber auch eine viel freiere Nachdichtung denken, z. B. die folgende für das zweite Quartett:

> Gebornes, kaum daß es ans Licht getreten,
> Müht sich zur Reife hoch, steht im Zenit,
> Und abwärts geht die Bahn seines Planeten.
> Schon mahnt die Zeit und kündigt den Kredit.

Diese Übersetzung bringt zwar die astronomische Anspielung deutlicher zum Ausdruck, fügt aber mit dem Bild des Kredits etwas völlig Neues hinzu, das im Original nicht einmal andeutungsweise erwähnt wird. Dennoch wäre denkbar, daß Shakespeare selber, wenn man ihn fragen könnte, dieser falschen Übersetzung den Vorzug geben würde, da sie das *conceit* um eine weitere Bedeutungsebene bereichert und damit noch effektvoller macht. Außerdem liebte Shakespeare besonders solche Vergleiche, die aus der Rechts- und Kaufmannssprache entlehnt waren. Die Klassizisten, die auf Einfachheit und elegante Präzision aus waren, und die Romantiker, die den naiven Ton des Volkslieds anstrebten, konnten solcher intellektualisierten und oft sehr scharfkantigen Lyrik wenig Geschmack abgewinnen. Leser aber, die mit der Lyrik unseres Jahrhunderts vertraut sind, werden Shakespeare, Donne und Góngora als viel moderner empfinden als Brentano oder Eichendorff.

Ironie im Gedicht

Ätzende Satire, parodistische Verhöhnung oder bitterer Sarkasmus sind in einem Gedicht leicht zu erkennen, da sie von der Intention her aggressive Stilhaltungen sind, die ganz bewußt erreichen wollen, daß der Leser den Angriff merkt. Viel schwieriger ist es dagegen, subtile Ironie zu erkennen. Wenn diese sich auf den inhaltlichen Gegenstand des Gedichts bezieht, ist sie meist noch als gezielter Stich wahrzunehmen. Wenn sie aber der eigenen Form gilt, wenn also der Dichter eine kunstvolle Sprachform schafft, ohne sie als Kunst völlig ernstzunehmen, entsteht ein ironischer Schwebezustand, der vom Leser oft nicht mit Sicherheit dingfest gemacht werden kann. Was der eine noch für bare Münze nimmt, mag dem anderen schon als subtile Selbstironie erscheinen. Der Großmeister dieser Technik der ironischen Brechung des eigenen Kunstanspruchs ist Heinrich Heine. Er trat als junger Dichter das Erbe der deutschen Romantik an, deren Sprache er virtuos beherrschte. Doch er merkte bald, daß diese Sprache verbraucht und ausgelaugt war. Eine neue Dichtersprache, wie sie in Frankreich später durch

Baudelaire und die Symbolisten und in Deutschland erst in diesem Jahrhundert durch Benn und Brecht geschaffen wurde, stand ihm noch nicht zur Verfügung. Er selbst war der Romantik viel zu nahe, als daß man von ihm die revolutionäre Erneuerung der deutschen Lyrik hätte erwarten können. So blieb ihm nichts weiter übrig, als diese Sprache, deren volksliedhaft eingängige Lyrismen er wie kein zweiter beherrschte, weiter zu benutzen. Da er aber ein großer und darum auch ehrlicher Dichter war, konnte er unmöglich mit vollem künstlerischen Anspruch die romantische Melodie singen. So entwickelte er jene unverkennbare Heinemelodie, die schlicht und naiv wie ein Volkslied anhebt, dann süß und betörend aufblüht, bis sie plötzlich einen zweifelhaften Glanz bekommt. An dieser Stelle gab er seinen schillernden Seifenblasen regelmäßig den ironischen Stich und ließ sie zerplatzen. Bei manchen Gedichten spürt man die ironische Nadel schon in der ersten Zeile, bei anderen erst in der letzten, und manchmal weiß man überhaupt nicht recht, ob sich der Dichter ironisch distanziert oder nicht. Ein typisches Beispiel der leicht zu erkennenden Art ist die folgende Strophe:

> Das Fräulein stand am Meere
> Und seufzte lang und bang,
> Es rührte sie so sehre
> Der Sonnenuntergang.

Wenn ein Gedicht so anfängt, weiß der Leser, daß es mit einer witzigen Pointe enden wird; dies ist sie:

> Mein Fräulein! Sei'n Sie munter,
> Das ist ein altes Stück;
> Hier vorne geht sie unter
> Und kehrt von hinten zurück.

Hier ist die ironische Desillusionierung der zunächst geweckten romantischen Erwartung unverkennbar. Anders sieht es dagegen in Heines berühmtestem Gedicht aus, der

»Loreley«. Im Ausland, zumal im englischsprachigen, wo Heine immer noch der populärste deutsche Dichter ist, wurde das Gedicht stets als ernsthafter Ausdruck eines romantischen Gefühls im Volksliedton gelesen, und wahrscheinlich verstehen auch die meisten deutschen Leser es immer noch so. Die Schlußstrophe wird dabei entweder ganz ignoriert oder so im Lichte der zuvor evozierten romantischen Stimmung gelesen, daß der ironische Bruch kaum bemerkt wird. Dabei ist die ironische Desillusionierung in dieser Strophe kaum zu überhören.

> Ich weiß nicht, was soll es bedeuten,
> Daß ich so traurig bin;
> Ein Märchen aus alten Zeiten,
> Das kommt mir nicht aus dem Sinn.
>
> Die Luft ist kühl und es dunkelt,
> Und ruhig fließt der Rhein;
> Der Gipfel des Berges funkelt
> Im Abendsonnenschein.
>
> Die schönste Jungfrau sitzet
> Dort oben wunderbar;
> Ihr goldnes Geschmeide blitzet,
> Sie kämmt ihr goldenes Haar.
>
> Sie kämmt es mit goldenem Kamme
> Und singt ein Lied dabei;
> Das hat eine wundersame,
> Gewaltige Melodei.
>
> Den Schiffer im kleinen Schiffe
> Ergreift es mit wildem Weh;
> Er schaut nicht die Felsenriffe,
> Er schaut nur hinauf in die Höh.

> Ich glaube, die Wellen verschlingen
> Am Ende Schiffer und Kahn;
> Und das hat mit ihrem Singen
> Die Lore-Ley getan.

Der Dichter beginnt mit der Fiktion, daß er sich an ein altes Märchen erinnert, und darauf beschreibt er dessen Inhalt sehr detailliert. Nur an den eigentlichen Höhepunkt, an die Katastrophe, kann er sich nicht mehr genau erinnern: »Ich glaube, die Wellen verschlingen ...« Mit der geläufigen Alltagsfloskel »Ich glaube« pflegt man eine Aussage einzuleiten, der man keine große Bedeutung beimißt, oder eine, die man bewußt herunterspielt, um sich von ihr zu distanzieren. Eben hatte der Dichter sich noch ganz mit dem bezauberten Schiffer identifiziert, der von »wildem Weh« ergriffen wird; jetzt tritt er ironisch zurück und beschließt die Erzählung mit der vagen Erinnerung, er glaube, die Wellen hätten Schiffer und Kahn verschlungen. Der Schlußkommentar macht die Ironie noch um eine Nuance deutlicher:

> Und das hat mit ihrem Singen
> die Lore-Ley getan.

Der bagatellisierende Ton, den wir heute aus der Wendung »mit ihrem Singen« heraushören, wurde wohl schon zu Heines Zeiten so empfunden. Auf der Skala zwischen »Gesang« und »Gesinge« liegt der Ausdruck »mit ihrem Singen« sicher näher an letzterem. »Und das hat mit ihrem Gesange ...« hätte zweifellos ernsthafter geklungen als »mit ihrem Singen«. Heine hat also auch in diesem Gedicht, das oft als Musterbeispiel eines Kunstvolksliedes angesehen wird, den allzu süß und schwermütig gewordenen Ton ironisch gebrochen, er hat, um es salopp zu sagen, die romantische Luft rausgelassen.

Um Ironie geht es auch in dem folgenden Beispiel:

Alfred Lichtenstein

Der Rauch auf dem Felde

Lene Levi lief am Abend
Trippelnd, mit gerafften Röcken,
Durch die langen, leeren Straßen
Einer Vorstadt.

Und sie sprach verweinte, wehe,
Wirre, wunderliche Worte,
Die der Wind warf, daß sie knallten
Wie die Schoten,

Sich an Bäumen blutig ritzten
Und verfetzt an Häusern hingen
Und in diesen tauben Straßen
Einsam starben.

Lene Levi lief, bis alle
Dächer schiefe Mäuler zogen,
Und die Fenster Fratzen schnitten
Und die Schatten

Ganz betrunkne Späße machten –
Bis die Häuser hilflos wurden
Und die stumme Stadt vergangen
War in weiten

Feldern, die der Mond beschmierte ...
Lenchen nahm aus ihrer Tasche
Eine Kiste mit Zigarren,
Zog sich weinend

Aus und rauchte ...

Der Titel läßt den Leser ein Gedicht erwarten, in dem eine
ländliche Idylle mit rauchenden Kartoffelfeuern oder ähnli-
chem beschrieben wird. Statt dessen haben wir es mit einem

Bild aus dem Umkreis der expressionistischen Großstadt-
mythologie zu tun. Die Stadt, wie sie hier erscheint, ist nicht
der menschenverschlingende Moloch, den Georg Heym in
»Der Gott der Stadt« beschwört, sie ist auch nicht das
Vitalitätszentrum, das Döblin in *Berlin Alexanderplatz* oder
der Amerikaner Carl Sandburg in seiner Hymne auf Chi-
cago beschreibt, Lichtensteins Stadt ist ein Ort der Entfrem-
dung, wo die stummen Häuserfronten groteske Grimassen
schneiden, ansonsten aber jede Kommunikation verweigern.
Die Straßen sind »leer«, »taub« und »stumm«. Lene Levis
Worte, also ihre Kommunikationsversuche, prallen von den
Häusern ab, werden zwischen ihnen hin und her geworfen,
daß sie wie die Segelleinen (»Schoten«) knallten. Der Wind
wirft sie wie hilflose Vögel in die Bäume und an die Häuser,
bis sie zerfetzt zu Boden fallen und sterben. Als Lene
endlich die stumme, teilnahmslose Stadt hinter sich gelassen
hat und das offene Feld betritt, wird die Erwartung einer
romantischen Idylle sogleich zerstört. Der Mond, seit Goethes Lied »Füllest wieder . . .« Inbegriff der Wiederannähe-
rung an eine entfremdete Natur, breitet nicht wie bei Goethe
»lindernd seinen Blick« über die Felder aus, er beschmiert
sie, ist also selber etwas Schmutziges. An dieser Stelle endet
der trotz seiner surrealen Komik ernsthafte Teil des
Gedichts, was durch drei Punkte deutlich gemacht wird.
Der Ausbruch aus der entfremdeten Welt der Stadt in eine
nicht-entfremdete Natursphäre erweist sich als Illusion.
Jetzt erfolgt eine doppelte ironische Brechung. Mit dem
Diminutiv »Lenchen« scheint sich eine Flucht in die verlogene Geborgenheit und Niedlichkeit des Kitsches anzubah-
nen, aber auch diese Illusion wird sogleich zerstört durch
das grotesk-absurde Bild des Mädchens, das sich weinend
auszieht und Zigarren raucht. Lichtensteins ironische
Schlußpointe dient nicht wie bei Heine der Distanzierung
von der eigenen, nicht mehr ernstgenommenen Dichtung,
sondern der Durchbrechung einer falschen Dämonisierung.
Während Georg Heym mit großem, ernstgemeintem Pathos
den Dämon Stadt beschwört, ironisiert Lichtenstein dieses
Pathos. Er läßt nicht die romantische, sondern die expres-

sionistische Luft raus. In dieser ironisch gebrochenen Haltung wirkt er moderner als Heym, so wie Max Ernst moderner als Franz Marc und T. S. Eliot moderner als Rilke wirkt. In der modernen Kunst scheint es unmöglich zu sein, daß der Künstler sich noch ganz und ungebrochen in sein Werk entläßt. Heines ironische Brechung galt nur dem Anspruch eines als nicht mehr echt empfundenen Stils, im übrigen aber lebte er durchaus noch in der Gedanken- und Wertewelt der Spätromantik. Die moderne Form der Brechung ist radikaler. Sie gilt dem ganzen tradierten Wertbewußtsein und zerstört damit die unmittelbare Identifikationsmöglichkeit des Lesers, Hörers oder Betrachters des modernen Kunstwerks. James Joyce schuf im *Ulysses* ein Abbild dieser modernen gebrochenen Welt, während z. B. Thomas Manns Ironie der Heineschen noch nähersteht. Er ist insofern weniger modern als Joyce.

Hermetische Dichtung

Paul Celan

Sprachgitter

Augenrund zwischen den Stäben.

Flimmertier Lid
rudert nach oben,
gibt einen Blick frei.

Iris, Schwimmerin, traumlos und trüb:
der Himmel, herzgrau, muß nah sein.

Schräg, in der eisernen Tülle,
der blakende Span.
Am Lichtsinn
errätst du die Seele.

(Wär ich wie du. Wärst du wie ich.
Standen wir nicht
unter *einem* Passat?
Wir sind Fremde.)

Die Fliesen. Darauf,
dicht beieinander, die beiden
herzgrauen Lachen:
zwei
Mundvoll Schweigen.

Paul Celan ist wahrscheinlich der am schwersten zu inter-
pretierende und eben darum der interpretationsbedürftigste
Dichter in deutscher Sprache. Viele seiner Gedichte sind so
hermetisch, daß selbst Kenner seines Gesamtwerks keinen
Schlüssel finden, um in sie einzudringen. Ein Element von
extremer Privatheit, das ihnen innewohnt, läßt vermuten,
daß vielleicht ein enger Freund des Dichters den poetischen
Assoziationsketten hätte folgen können, wenn er sie als
chiffrierte Verweise auf ganz persönliche Erfahrungen gelesen hätte. Der normale Leser aber, dem dieses Privileg
versagt ist, muß die Waffen strecken. Ihm bleibt nichts
weiter übrig, als den poetischen Reiz der Gedichte auf seine
Phantasie einwirken zu lassen. So ganz und gar unzugäng-
lich sind aber längst nicht alle von Celans Gedichten. Sein
bekanntestes, die berühmte »Todesfuge«, wird sicher vor
allem deshalb so hoch geschätzt, weil es einen klar erkenn-
baren Realitätsbezug hat; auch ohne Interpretationshilfe
sieht der Leser durch die gebrochenen Bildsplitter des Textes
das Inferno von Auschwitz hindurchscheinen. Andere
Gedichte, die keinen so konkreten Bezug erkennen lassen,
öffnen sich dem Leser, wenn er sich mit der Bildersprache
des Gesamtwerks vertraut macht. Mehr noch als bei Trakl
muß man bei Celan wissen, welche Bedeutungsfelder durch
Worte wie »Haar«, »Mohn«, »Urne«, »Stunde« etc. signalisiert werden. Da aber der gewöhnliche Leser selten bereit
und in der Lage sein wird, sich einem einzigen Dichter mit

152

solcher Gründlichkeit zu widmen, soll an diesem Beispiel noch einmal gezeigt werden, wie weit eine Interpretation auch ohne Rückgriff auf andere Werke in das Gedicht eindringen kann.

»Sprachgitter«, schon dieser Titel lenkt den Leser auf eine doppelte Spur. Einerseits kann man dabei an das Sprechgitter in der Tür eines Klosters oder eines Gefängnisses denken, durch das ein Eingeschlossener mit der Außenwelt kommuniziert, andererseits kann man das Wort aber auch als Metapher lesen und sich die Sprache selbst als ein begriffliches Gitterwerk vorstellen.

> Augenrund zwischen den Stäben.

Auch diese Zeile läßt zwei Deutungen zu. Entweder man denkt an ein wirkliches Auge, das durch das Sprechgitter hindurch sichtbar ist, oder man versteht die Zeile so, daß eine runde vergitterte Öffnung metaphorisch als Augenrund bezeichnet wird. In beiden Fällen ist allerdings der gleiche poetisch wirksame Kontrast zwischen einer runden Öffnung und einem rechtwinkligen Gitterwerk festgelegt.

> Flimmertier Lid
> rudert nach oben,
> gibt einen Blick frei.

»Flimmertier« ist offensichtlich eine Metapher für den unmittelbar folgenden Begriff »Lid«, der seinerseits an das Bild des Auges anknüpft. In Verbindung mit »rudert« könnte man aber auch an eines jener Wassertierchen aus der Gattung der Protozoen denken, die sich mit winzigen Flimmerhaaren fortbewegen. Allerdings wäre dann unklar, wieso ein nach oben ruderndes Flimmertier einen Blick freigeben sollte, während dies bei dem sich hebenden Lid selbstverständlich ist. Durch das neu hinzugetretene Bild des Wassers ändert sich nun aber auch der Assoziationsbereich von »Augenrund« und »Stäben«. Man könnte jetzt auch an eine vergitterte Brunnenöffnung oder etwas ähnliches denken.

> Iris, Schwimmerin, traumlos und trüb:
> der Himmel, herzgrau, muß nah sein.

»Iris« setzt das Bild des Auges fort, während »Schwimmerin« an »rudert« anknüpft und die Vorstellung von Wasser vertieft. Läge es nicht nahe, jetzt an das Spiegelbild des Himmels zu denken, der durch eine Öffnung auf eine Wasserfläche fällt?

> Schräg, in der eisernen Tülle,
> der blakende Span.

Unvermittelt öffnet sich ein völlig neuer Bildbereich. Wo soll man sich den blakenden Span vorstellen? In einem Gewölbe, das Wasser enthält und in das durch eine runde Öffnung in der Decke Licht fällt, also eine Art Zisterne? Die Vermutung läßt sich weder beweisen noch widerlegen.

> Am Lichtsinn
> errätst du die Seele.

Wieder wird auf das Auge Bezug genommen, aber man kann dabei ebenso gut an den Blick aus einem dunklen Raum zu einer lichtspendenden Öffnung hin denken.

> (Wär ich wie du. Wärst du wie ich.
> Standen wir nicht
> unter *einem* Passat?
> Wir sind Fremde.)

Abermals tritt etwas völlig Neues in das Gedicht ein. Wer ist das angeredete Du? Ist es ein geliebter Mensch? Und soll der Leser sich die Liebenden als zwei unter *einem* Passat nebeneinander segelnde Schiffe vorstellen?

> Die Fliesen. Darauf,
> dicht beieinander, die beiden
> herzgrauen Lachen:
> zwei
> Mundvoll Schweigen.

Was bedeuten die plötzlich ins Bild tretenden Fliesen? Auch sie stellen optisch ein rechtwinkliges Gitter dar. Sie würden außerdem zu der vermuteten Vorstellung einer Zisterne passen. Ist es Zufall, daß sich in Meyers Konversationslexikon (5. Aufl.) neben der Spalte, in der das Stichwort »Flimmer« erklärt wird, vier Abbildungen von Bodenfliesen befinden, in grauer Farbe und mit z. T. herzförmiger Ornamentik? Die »herzgrauen Lachen« knüpfen erneut an die Sequenz von Wasserbildern an. Das Wasser ist ein uraltes Symbol der Auflösung, Entgrenzung und Verschmelzung der Individualität. So wird z. B. durch das Eintauchen ins Wasser während des Taufaktes ein Ritual der Kommunion vollzogen. Hier aber bleiben selbst die beiden Wasserlachen noch voneinander getrennt. In jeder von ihnen, so scheint es, spiegelt sich der herzgraue Himmel. Da sie offenbar auf die beiden Liebenden Bezug nehmen, scheint ihr Getrenntsein die Unmöglichkeit jener Verschmelzung zu symbolisieren, die das utopische Ziel der traditionellen Liebesvorstellung ist. Von hier aus gewinnt nun rückblickend das Flimmertier eine weitere Bedeutung; denn falls damit wirklich auf ein Urtierchen von der Art der Infusorien angespielt wird, so wäre es wohl nicht ohne Bedeutung, daß diese Lebewesen ungeschlechtlich sind.

Was hat das alles nun mit dem Sprachgitter zu tun? Im ersten Teil des Gedichts scheint es um die Möglichkeit von Erkenntnis zu gehen. Die Seele blickt durch Gitterstäbe zum Licht. Das Gitter, das diesen Blick teils freigibt, teils versperrt, ist das kategoriale Raster der Sprache. Einerseits vermittelt es Erkenntnis, andererseits steht es der unmittelbaren Wahrnehmung des Lichtsinns im Wege. Ob der blakende Span in der schrägen Tülle als Symbol dieser durch die Sprache deformierten Wahrnehmung des Lichts gemeint ist? Im zweiten Teil des Gedichts tritt an die Stelle des Erkenntnisproblems das der Kommunikation, deren intimste Form im Liebesakt ja von der Bibel ebenfalls als Erkenntnis definiert wird. Auch hier scheint es, als symbolisierten die Fliesen mit ihrem rechteckigen Gradnetz die Sprache, durch die die Liebenden miteinander verbunden sind, ohne doch wirklich eins werden zu können. Wäre es eine Überinterpretation, wenn man sich bei dem Satz »Standen wir nicht unter *einem* Passat?« zwei nebeneinanderher segelnde Schiffe vorstellt, die durch das Gradnetz einer Seekarte verbunden sind? Wir hätten dann noch eine weitere Erscheinungsform des thematischen Gitterbildes.

Nichts von all dem, was wir hier an Vermutungen geäußert haben, ist beweisbar. Man kann kaum mehr sagen als dies, daß hier die Vorstellung eines Gitters beschworen wird, das sowohl verbindet als auch trennt. Es steht zwischen dem lichthungrigen Auge und dem Licht der zu erkennenden Wahrheit und ebenso zwischen den beiden Liebenden. Damit spitzt sich die Interpretation ganz auf das Wort zu, durch das die beiden Hälften des Gedichts verklammert werden: »herzgrau«. Grau ist auf der Skala des Lichts die Mitte zwischen völligem Dunkel und völliger Helle. Das Herz als Sitz der Seele steht nach alter Lehre auf ähnliche Weise in der Mitte zwischen der sinnlichen Wahrnehmung und dem begrifflichen Verstand. Ist dann die lichthungrige Seele als das herzgraue Abbild des Himmels im Menschen zu verstehen, so wie sich, wenn unsre Vermutung richtig ist, der durch einen Brunnenschacht fallende Himmel auf dem Wasser spiegelt? Die erste Hälfte des Gedichts scheint noch den Blick zum Licht für möglich zu halten, die zweite dagegen hält Kommunikation zwischen zwei Liebenden offenbar nur noch unter der irrealen Voraussetzung für möglich: »Wär ich wie du. Wärst du wie ich.«

Man könnte gewiß noch mancherlei Vermutungen anstellen und würde dem Gedicht dadurch vielleicht noch ein wenig näherkommen, aber verstehen im Sinne einer eindeutigen kognitiven Erkenntnis läßt es sich wohl kaum. Eine verdinglichende Interpretation, die vorgibt, das Gedicht erklären zu können, ist hier schlechterdings unmöglich. Celans Gedichte zwingen in ganz besonderer Weise zu der einzig angemessenen, nämlich verbal verstandenen Form der Interpretation. Man versteht sie immer nur in dem Maße, in dem man sie sich verstehend aneignet, aber man erreicht nie den Punkt, wo man sie verstanden hat.

Konkrete Poesie

Gerhard Rühm

sonett

erste strophe erste zeile
erste strophe zweite zeile
erste strophe dritte zeile
erste strophe vierte zeile

zweite strophe erste zeile
zweite strophe zweite zeile
zweite strophe dritte zeile
zweite strophe vierte zeile

dritte strophe erste zeile
dritte strophe zweite zeile
dritte strophe dritte zeile

vierte strophe erste zeile
vierte strophe zweite zeile
vierte strophe dritte zeile

Wer gewohnt ist, von Lyrik eine in kunstvoller Sprache artikulierte Sinnaussage zu erwarten, wird beim Lesen dieses Gedichts nicht nur erstaunt, sondern wohl auch ein wenig schockiert sein. Gehört so etwas überhaupt in eine Anthologie deutscher Dichtung, oder ist es nicht viel eher nur ein sprachlicher Jux, ein Gimmick? Rühms Sonett treibt eine uralte literarische Technik auf die äußerste Spitze, nämlich die der Parodie. Normalerweise funktioniert eine Parodie so, daß der Parodist aus den charakteristischen Stil- und Formeigentümlichkeiten des Parodierten eine scheinbar anspruchsvolle Form schafft, in die er dann einen so banalen Inhalt füllt, daß erstere dadurch als taube Nuß entlarvt und lächerlich gemacht wird. Rühm geht aber noch einen Schritt weiter. Er parodiert keinen bestimmten Dichter, sondern die Sonettform schlechthin, und er füllt sie mit einem Inhalt, dessen Banalität nicht mehr zu überbieten ist; denn jede Zeile seines Sonetts sagt semantisch nur das aus, was sie im graphischen Erscheinungsbild des Gedichts *ist*. Denkt man sich vor jeder Zeile die Worte »Dies ist die«, dann wird noch deutlicher, daß jeder Satz wie ein Zeigefinger auf sich selbst zeigt. Man könnte diese Beziehung mit dem Fachwort *deiktisch* (= hinweisend, auf etwas zeigend) bezeichnen. Und da die Sätze auf sich selber zeigen, könnte man sie deiktische Tautologien nennen.

Insofern das Gedicht als eine Radikalparodie auf die Sonettform gelesen wird, liegt es noch innerhalb der Kategorien, die wir auf traditionelle Lyrik anwenden, auch wenn der eigentliche Pfiff der Parodie, nämlich das Lächerlichmachen des Parodierten, ganz offensichtlich fehlt. Da das Gedicht aber semantisch nur das sagt, was es graphisch zeigt, und umgekehrt alles graphisch zeigt, was es semantisch sagt, gehört es zu einer Art von Texten, die mit traditioneller Lyrik nichts mehr gemein haben. Man nennt diese Textsorte konkrete Poesie, und zwar deshalb, weil das Semantische, also die abstrakte Bedeutung der sprachlichen Zeichen, konkret im Schriftbild dargestellt wird. Man wird sich fragen, ob man so etwas noch als Dichtkunst bezeichnen kann oder ob es nicht bloß eine geistreiche Spielerei ist. Und selbst wenn es Kunstcharakter hat, bleibt die Frage, ob es dann nicht eher in die Bildende Kunst als in die Literatur gehört. Bei den ersten Versuchen auf diesem Gebiet gehörte sicher eine geniale Frechheit dazu, alle gewohnten Normen auf den Kopf zu stellen, die Wörter aus dem Regelwerk der Grammatik herauszubrechen und sie völlig neu nach graphischen Gesichtspunkten zu ordnen. Die Semantik der Wortbedeutungen blieb zwar erhalten, aber ihre Anordnung gehorchte nicht mehr der vereinbarten Konvention eines symbolischen Zeichensystems, sondern erfolgte konkret auf dem Papier, buchstäblich schwarz auf weiß. Ohne Zweifel eröffnet sich dadurch ganz neue Möglichkeiten zur Herstellung ästhetisch reizvoller Gebilde. Das Problem ist nur, daß ein solcher revolutionärer Akt, der beim ersten Mal trotz seines destruktiven Charakters etwas Kreatives hatte, mit jeder weiteren Wiederholung zu billigem Kunstgewerbe degeneriert, so wie die Mobiles, die der Amerikaner Calder als phantasievolle Schwebeskulpturen erfand, später zu Kunstgewerbeartikeln wurden, die schließlich sogar schon in Kindergärten angefertigt wurden. Eine ähnliche Konfektionierung ist auch in der konkreten Poesie eingetreten. Dennoch gelingt es ihren Vertretern immer wieder, aus der Verbindung von semantischer Wortbedeutung und graphischer Grammatik verblüffende Wirkungen zu ziehen.

Um zu zeigen, was konkrete Poesie auf ihrem – zugegeben – sehr begrenzten Felde leisten kann, wollen wir uns einmal fragen, wie ein Dichter mit sprachlichen Mitteln das Schweigen darstellen kann. Die traditionelle Lyrik könnte nichts anderes tun als über das Schweigen zu reden. Je mehr aber darüber geredet wird, um so weniger ist das Schweigen selber in dem Gedicht präsent. Eugen Gomringer, ein Hauptvertreter der konkreten Poesie, drückt das Schweigen so aus:

> schweigen schweigen schweigen
> schweigen schweigen schweigen
> schweigen   schweigen
> schweigen schweigen schweigen
> schweigen schweigen schweigen

Hier dient das Reden über das Schweigen dazu, das Schweigen selber, nämlich das weiße Loch in der Mitte, zu definieren (= einzugrenzen). Damit ist das Schweigen rein logisch vermutlich überzeugender dargestellt als in Goethes berühmtem »Über allen Gipfeln ...«. Herwarth Walden, einer der theoretischen Wortführer des Expressionismus, hat sich über Goethes Gedicht mit ätzendem Spott hergemacht und vor allem die Zeile

> die Vögelein schweigen im Walde

aufgespießt. Er meinte, das Vokalgeklingel in dem Wort »Vögelein« vermittle das genaue Gegenteil von Schweigen, was kaum zu bestreiten ist. Schweigen ist mit den Mitteln

der klassisch-romantischen Poesie schlechterdings nicht dar-
stellbar, es kann nur als ein allmähliches Verstummen vorgeführt werden, was Goethe in seinem Gedicht auch tut. Trotz
dieses Mankos dürfte es aber wohl nur wenige Leser geben,
die Gomringers Gedicht dem Goetheschen vorziehen. Konkrete Poesie ist und bleibt ein experimenteller Seitenpfad der
modernen Dichtung, ein Weg, der aus der Sprache heraus in
sprachloses Neuland führt, ein Holzweg. Aber wie alle
Holzwege bereichert auch dieser die Erfahrung und die
ästhetische Wahrnehmungsfähigkeit.

»Formlose« Form

Alle Gedichte, an denen wir bisher unser interpretatorisches
Werkzeug angesetzt haben, erwiesen sich als kunstvoll
durchgeformte Texte, in denen jedes Element seinen not-
wendigen Platz in einem z. T. geradezu raffiniert angelegten
Gesamtplan einzunehmen schien. Sieht man sich aber die
Lyrik der jüngsten Zeit an, so wird man sich fragen, ob
dieser Begriff von Kunst als Kunstgriff auf sie noch anwend-
bar ist. Sind nicht die meisten modernen Gedichte so
spröde, so ablehnend gegenüber tradierten ästhetischen
Normen und so entschieden auf inhaltliche Authentizität
bedacht, daß es ganz unangemessen erscheint, in ihnen nach
einem spielerischen Formkalkül zu suchen? Viele von ihnen
lesen sich wie ein Stück Prosa, das nicht einmal besonders
kondensiert, sondern nur graphisch in ein eher zufällig
anmutendes Zeilenmuster gebrochen wurde. Wie soll man
als Leser eine Form beurteilen, bei der man einzelne Zeilen
und ganze Absätze beliebig umstellen kann, ohne daß ein
Bruch im Gedicht oder eine Einbuße an poetischer Wirkung
erkennbar würde? Diese Frage werden sich schon viele Leser
moderner Lyrik gestellt haben. Wir wollen nun an einem
Beispiel untersuchen, ob nicht auch in einem scheinbar
formlosen Gedicht ein verborgenes Organisationsprinzip zu
entdecken ist.

Hans Magnus Enzensberger

An alle Fernsprechteilnehmer

Etwas, das keine Farbe hat, etwas,
das nach nichts riecht, etwas Zähes,
trieft aus den Verstärkerämtern,
setzt sich fest in die Nähte der Zeit
und der Schuhe, etwas Gedunsenes,
kommt aus den Kokereien, bläht
wie eine fahle Brise die Dividenden
und die blutigen Segel der Hospitäler,
mischt sich klebrig in das Getuschel
um Professuren und Primgelder, rinnt,
etwas Zähes, davon der Salm stirbt,
in die Flüsse, und sickert, farblos,
und tötet den Butt auf den Bänken.

Die Minderzahl hat die Mehrheit,
die Toten sind überstimmt.

In den Staatsdruckereien
rüstet das tückische Blei auf,
die Ministerien mauscheln, nach Phlox
und erloschenen Resolutionen riecht
der August. Das Plenum ist leer.
An den Himmel darüber schreibt
die Radarspinne ihr zähes Netz.

Die Tanker auf ihren Helligen
wissen es schon, eh der Lotse kommt,
und der Embryo weiß es dunkel
in seinem warmen, zuckenden Sarg:

Es ist etwas in der Luft, klebrig
und zäh, etwas, das keine Farbe hat
(nur die jungen Aktien spüren es nicht):

Gegen uns geht es, gegen den Seestern
und das Getreide. Und wir essen davon
und verleiben uns ein etwas Zähes,
und schlafen im blühenden Boom,
im Fünfjahresplan, arglos
schlafend im brennenden Hemd,
wie Geiseln umzingelt von einem zähen,
farblosen, einem gedunsenen Schlund.

Das Gedicht ist weder gereimt, noch hat es eine feste Strophenform. Auch ein metrisches Schema ist nicht zu erkennen. Tauscht man den ersten und den letzten Absatz gegeneinander aus, so scheint dies keinerlei Unterschied zu machen. Auch die drei übrigen Abschnitte könnte man untereinander austauschen, ohne daß sich am formalen Gesamteindruck und an dem, was das Gedicht mitteilt, Wesentliches ändern. Kann man dann überhaupt noch von einer Form sprechen? Form ist etwas Einheitstiftendes, und einheitlich ist das Gedicht zweifellos. Von der ersten bis zur letzten Zeile hält es einen ganz bestimmten, unverwechselbaren Ton. Diese Technik, einen Text nicht durch eine geregelte Form, sondern nur durch den einheitlichen Ton zusammenzuhalten, gab es schon in Zeiten formstrenger Dichtung. Es ist die Form der Rhapsodie. Während aber in früheren Zeiten die rhapsodischen Gedichte durch einen Ton emphatischer Begeisterung geprägt waren, weist unser Gedicht einen Ton von galliger Bitterkeit auf, dem ein Schuß Ekel beigemengt ist.
Enzensberger erreicht die Einheitlichkeit des Tons durch einen kunstvollen Aufbau der Bildschicht, die sich aus zwei ganz unterschiedlichen Bestandteilen zusammensetzt. Auf der einen Seite stehen Bilder aus dem organischen Bereich: Salm, Butt, Phlox, Embryo, Seestern, Getreide. Diesen Bildern sind Adjektive und Verben zugeordnet, die die Vorstellung von Auflösung und Verfall suggerieren: triefen, gedunsen, klebrig, sickern usw. Eingebettet in diese klebrige Schicht einer sich auflösenden organischen Welt sind Bilder

aus der ökonomisch-technischen Sphäre: Kokereien, Dividende, Primgelder, Radarspinne, junge Aktien usw. Diese Gegenstände sind nicht von der allgemeinen Auflösung erfaßt, im Gegenteil, sie verursachen diese, während sie selber offenbar recht gut gedeihen: »die Dividende« wird »gebläht«, »in den Staatsdruckereien rüstet das tückische Blei auf«, »die jungen Aktien spüren es nicht«, nämlich die klebrige Auflösung. Das Gedicht beschreibt offenbar einen Zustand, der aus dem Zusammenstoß der organischen mit der ökonomischen Welt resultiert. Für den heutigen Leser ist das ein vertrautes Szenario. Für 1960 aber, als das Gedicht in Enzensbergers Band *Landessprache* zum erstenmal erschien, war es eine hellsichtige Vision. Welcher Leser hätte wohl damals gedacht, daß dieses metaphorische Bild einer unaufhaltsamen Auflösung der Natur durch die kapitalistische Industriegesellschaft einmal als exakte Beschreibung der realen Welt gelesen werden könnte?

Beim ersten Lesen gewinnt man den Eindruck, als werde mit grobem Pinsel das vage Bild einer kaputten Zivilisation gemalt, die in unaufhaltsamer Auflösung begriffen ist. Bei näherem Zusehen aber wird man merken, daß das Gedicht seinen Gegenstand an einigen Punkten sehr präzise markiert. So steht z. B. genau in der Mitte eine Zeitangabe, nämlich August, und es folgt der Satz »Das Plenum ist leer«. Mit dieser Anspielung auf die Parlamentsferien wird der beschriebene Zustand als etwas charakterisiert, was ohne Kontrolle abläuft. Das Parlament als Vertreter des obersten Souveräns, des Volkes, ist auf Urlaub, es übt keine Kontrolle mehr aus; die »Minderheit hat die Mehrheit« und die großen Teilsysteme der modernen Zivilisation – die Industrie (»Kokereien«), Finanzwirtschaft (»Dividende«), Handel (»Primgelder«), Wissenschaft (»Professuren«), Medizin (»Hospitäler«) und Militär (»Radarspinne«) entfalten ihr destruktives Eigenleben. Die noch im Bau befindlichen »Tanker auf den Helligen« und der noch ungeborene Embryo wissen bereits »dunkel«, in was für ein System sie hineingestoßen werden. »Nur die jungen Aktien spüren es nicht«, d. h. diejenigen, die von dem Zustand profitieren, wollen nicht wahrhaben, daß die Entwicklung auf Untergang programmiert ist. Jetzt spricht das Gedicht zum erstenmal in der ersten Person, doch nicht in der Form eines lyrischen Ichs, sondern im Plural. »Und wir essen davon / und verleiben uns ein etwas Zähes, und schlafen im blühenden Boom.« »Wir« – das ist das Volk, das in dem leeren Plenum hätte vertreten sein müssen und das schlafend den Boom der Teilsysteme über sich ergehen läßt:

arglos / schlafend im brennenden Hemd.

Mit dieser Anspielung auf das Nessushemd, an dem Herakles zugrunde ging, wird eine neue Bildschicht in das Gedicht eingeführt. Herakles hatte den Kentauren Nessus mit einem vergifteten Pfeil getötet, als dieser sich an seiner Frau Deianeira vergehen wollte. Der sterbende Kentaur riet der Frau, sein Blut aufzubewahren, da es ein sicheres Mittel sei, ihr die Liebe ihres Gatten zu erhalten. Als Herakles ihr später zugunsten von Iole untreu wurde, tränkte sie ein Hemd mit dem Blut und gab es ihrem Gatten. Dieser zog es an und wurde durch das noch wirksame Pfeilgift qualvoll getötet. Man ginge sicher zu weit, würde man die Sage, auf die hier angespielt wird, bis in alle Einzelheiten als Allegorie aufschlüsseln. Aber daß hier das schlafende Volk mit Herakles verglichen wird, der ahnungslos an den Spätfolgen eines von ihm selbst abgeschossenen Giftpfeils zugrunde geht, dürfte wohl beabsichtigt sein; denn es entspricht der inneren Logik des Gedichts. Der moderne Mensch, der auf dem ökonomisch-technologischen Gebiet der Arbeit übermenschliche Taten vollbringt, die den zwölf Arbeiten des Herakles vergleichbar sind, wird eines Tages, wenn er nicht rechtzeitig aus seinem Schlaf erwacht, durch das von ihm selber verbreitete Gift vernichtet werden. In der vorletzten Zeile kommt als weiteres Bild das der »Geisel« hinzu. »Wir«, das Volk, sind nicht nur ein schlafender Herkules, wir sind zugleich auch »wie Geiseln«, denn wir haben uns einem selbstgeschaffenen System in die Hand gegeben, das uns zu verschlingen droht.

Damit zeigt sich nun aber, daß der letzte Absatz des Gedichts keineswegs gegen den ersten ausgetauscht werden kann, wie es anfangs schien; denn während im ersten nur der Zustand beschrieben wird, sagt der letzte etwas über die Ursache und die Folgen aus. Das Gedicht, das zunächst wie eine formlose Litanei über den beklagenswerten Zustand unserer Zivilisation anmutete, erweist sich nun als ein Text, der sehr bewußt auf seinen Schluß hin geplant wurde. Es mag Zufall oder ironische Absicht sein, daß ausgerechnet jener zitierten Textstelle, in der sich das Planvolle des Gedichts zeigt, wie ein Signal das Wort »Fünfjahresplan« vorausgeht. Interpreten entdecken manchmal Kunstgriffe in einem Gedicht, an die der Dichter nicht im entferntesten gedacht hat. Andererseits muß man sich darüber im klaren sein, daß der Dichter jedes einzelne Wort ganz bewußt an seinen Platz gestellt hat, so daß dem Interpreten wahrscheinlich weit mehr planvolle Kunstgriffe verborgen bleiben, als er möglicherweise ungerechtfertigt in das Gedicht hineininterpretiert.

Gedichte, die keiner Interpretation bedürfen

Seit das Interpretieren zur akademisch sanktionierten Normalform des Umgangs mit Lyrik geworden ist, hat sich die unausgesprochene, aber doch allgemein geteilte Ansicht durchgesetzt, daß Gedichte um so besser seien, je mehr sich durch Interpretation aus ihnen herausholen läßt. Umgekehrt werden solche, die alles sagen, was sie meinen, so daß es an ihnen nichts zu interpretieren gibt, gering geachtet. Dieser Geringschätzung fällt vor allem der ganze Bereich der didaktischen und der politischen Lyrik zum Opfer. In der Antike erfreute sich die didaktische Dichtung genauso hoher Wertschätzung wie die epische und lyrische. Über fast alle Bereiche des Wissens und der Praxis sind lehrhafte Darstellungen in Versform überliefert: über Astronomie, Geographie, Medizin, Ackerbau und Fischfang bis hin zur Kochkunst. Hesiods und Vergils Gedichte über den Ackerbau und Lukrez' naturphilosophische Abhandlung *De rerum natura* zählen zu den großen Werken antiker Verskunst. Bis ins 18. Jahrhundert hinein schrieben Dichter wie der Franzose Boileau oder der Engländer Pope Abhandlungen zur Poetik in Versform. Im 19. Jahrhundert trat an die Stelle der lehrhaft-didaktischen Dichtung die politisch-agitatorische. Die Dichter des Vormärz – Herwegh, Freiligrath, Hoffmann von Fallersleben u. a. – begründeten eine Tradition, die in unserem Jahrhundert von Tucholsky, Brecht und Kästner fortgesetzt wurde. Die letztgenannten werden wegen ihrer politischen Aktualität auch heute noch gelesen; die politische Dichtung des 19. Jahrhunderts aber tritt neben der lyrischen jener Zeit ganz in den Hintergrund. Ein Dichter wie Herwegh, der eine geschliffene Feder führte und einer der aufrechtesten Intellektuellen seiner Zeit war, ist heute fast vergessen. Aber auch Tucholsky und Kästner mögen zwar gelesen werden, doch zur Lyrik im eigentlichen Sinne zählt man ihre Gedichte nicht. Kaum ein Literaturwissenschaftler würde auf die Idee kommen, sie fachgerecht zu interpretieren. Man wüßte wohl auch gar nicht, was man darüber sagen sollte. Die Gedichte sind auf ihre Weise ausgezeichnet, sie haben Biß und agitatorische Durchschlagskraft. Aber alles, was sie sagen wollen, liegt – einschließlich der rhetorischen Mittel, die sie dafür verwenden – so offen zutage, daß eine Interpretation eigentlich nur noch wiederholen kann, was jeder Leser ohne weiteres sieht und versteht. Sie bedürfen keiner Interpretation. Muß man ihnen deshalb die höheren Weihen der Dichtkunst absprechen? Unser Urteil über Lyrik ist immer noch weitgehend durch die klassisch-romantische Poetik bestimmt. Wir erwarten von einem Gedicht, daß es wie ein Organismus aus Elementen besteht, die zueinander und zum Ganzen in vielfältigen, sehr komplexen Beziehungen stehen. Dieses charakteristische Phänomen der Selbstreferenz lyrischer Texte gilt als Qualitätsmerkmal eines Gedichts. Damit sind Gedichte, die direkt und unverhüllt sagen, was sie meinen, wie vor allem die didaktischen und politischen, als Lyrik minderen Ranges abgewertet, ja, strenggenommen sind sie gar keine Dichtung im akzeptierten Sinn, sondern nur versifizierte Formen von expositorischen Texten, was die übliche Bezeichnung aller nichtpoetischen Texte ist. Diese Abwertung ist zweifellos ungerecht. Manche der didaktischen und auch politischen Gedichte von der Antike bis zur Gegenwart stehen in ihrer intellektuellen Substanz und in der formalen Bewältigung ihres Stoffs hoch über dem Durchschnitt der anthologisierten reinen Lyrik. Dennoch hat das Dichterische bei ihnen einen anderen Status. Es ist angewandte Kunst so wie ein Werbeplakat oder das plastische Design eines Konsumgegenstands. Diese zielorientierten Gebrauchstexte, die kognitive Inhalte übermitteln oder zu politischem Handeln stimulieren wollen, entfalten ihre Wirkung nicht aus einer Selbstreferenz heraus, sondern aus dem Bezug auf etwas außerhalb des Textes. Wollte man sie interpretieren, müßte man die didaktischen in ihren kognitiven und die politischen in ihren Handlungskontext stellen. Auch dies wäre eine verstehende Aneignung und damit Interpretation im hermeneutischen Sinn. Aber das ästhetische Phänomen würde dabei nur eine untergeordnete Rolle spielen. Das Dichterische an ihnen wäre im Falle der didaktischen Gedichte nur eine ornamentale Beigabe und im Falle der politischen Lyrik eine rhetorische Unterstützung der beabsichtigten Wirkung. Man kann also sagen, daß manche didaktischen und politischen Gedichte im kulturellen Gesamtkontext durchaus einen höheren Wert haben können als ganze Bände landläufiger Lyrik, aber der »reinen« Kunstsphäre der ästhetischen Gegenstände gehören sie nicht an. Da sie immer schon kognitiv aufgeschlossen sind, bedürfen sie allenfalls eines Kommentars, aber nicht jener interpretierenden Übersetzung aus der ästhetischen in die kognitive Wahrnehmungsform, durch die wir uns lyrische Gedichte im engeren Sinne anzueignen suchen.

Schlußbetrachtung

Über den Grund des Vergnügens
beim Lesen eines Gedichts

Wer einmal in einem philologischen Fach an der Universität erlebt hat, mit welch grimmigem Ernst sich die Literaturwissenschaft ihres Gegenstands annimmt, dem muß die Frage nach dem Grund des Vergnügens gegenstandslos erscheinen. In Gedichten wird nach subtilen Wahrheitsaussagen geschürft, sie wurden noch vor kurzem als Ausdruck von Klassenbewußtsein ideologiekritisch hinterfragt, und neuerdings werden sie als Texte in einen semiotischen Bezug von Intertextualität gestellt; nur daß sie zuallererst einmal geschrieben wurden, um Lesern zu gefallen, scheint ein zu profaner Sachverhalt zu sein, als daß er einer wissenschaftlichen Betrachtung für wert erachtet würde. Und doch handelt es sich dabei um das A und O jeder Kunst. Alle Kunstwerke, die die Jahrhunderte überdauert haben, verdanken ihr Überleben weder der Wahrheit, die sie verkünden, noch dem Guten, das sie möglicherweise bewirkt haben, sondern einzig und allein der Tatsache, daß sie den Menschen stärker, tiefer und dauerhafter gefielen als die abertausend Werke, die heute vergessen sind.

Wenn man von einem Gegenstand sagt, daß er einem gefalle, spricht man ein Geschmacksurteil aus. Im 18. Jahrhundert war noch jedem vernünftigen Menschen klar, daß das Geschmacksurteil einen eigenen Zuständigkeitsbereich hatte, der sich von den Bereichen des logischen und des sittlich-praktischen Urteils deutlich unterschied. Es handelt sich hier um die drei klassischen Reiche des Wahren, Guten und Schönen, denen Kant je eine seiner drei großen Kritiken gewidmet hatte. In der *Kritik der reinen Vernunft* untersuchte er die Möglichkeiten und Grenzen des theoretischen Erkenntnisvermögens, in der *Kritik der praktischen Vernunft* die Kriterien der sittlichen Willensbestimmung, und in der *Kritik der Urteilskraft* die des Gefühls von Lust und Unlust, des charakteristischen Seelenvermögens, das im Moment der sinnlichen Wahrnehmung aktiv wird. Dieser letztgenannte Bereich war der, den die Ästhetik aufzuklären hatte, und Kants dritte Kritik war die erste fundamentale Ästhetik, die dies tat. Sie war zugleich aber auch die letzte, die dem ästhetischen Urteil noch einen eigenen, gleichberechtigten Zuständigkeitsbereich neben dem logischen und dem ethischen Urteil einräumte. In Hegels Ästhetik gerät das Schöne bereits unter die Dominanz der Wahrheit – Schönheit wird von ihm als »das sinnliche Scheinen der Idee« (also der Wahrheit) definiert –; und in der linkshegelianischen Tradition über Marx bis hin zum sozialistischen Realismus wird das Schöne samt der Wahrheit von der Praxis, also dem Zuständigkeitsbereich des Guten, vereinnahmt. Seit Kant ist das Schöne langsam, aber stetig, aus seiner angestammten Domäne verdrängt worden. Heute erwartet kaum noch jemand von einem Kunstwerk, daß es schön sei. Allerdings hatte man sich schon im 18. Jahrhundert mit einem Phänomen auseinandergesetzt, das zweifellos ästhetisch, aber nicht eigentlich schön war: das Erhabene. Kant hatte ihm bereits die zweite Hälfte seiner Kritik gewidmet. In England fügte man diesen beiden Leitbegriffen der Ästhetik noch einen dritten hinzu: *the picturesque*, das Pittoreske oder Malerische. Im Naturalismus wurde endlich sogar das Häßliche als Quelle ästhetischen Reizes erschlossen. Dies ist kein Widerspruch in sich; denn jeder weiß aus eigener Erfahrung, daß auch Häßliches gefallen kann, wenn es uns im Augenblick der Wahrnehmung stark affiziert. Schon die Kunst des Barock hatte mit ihren Darstellungen des Grotesken aus dieser Reizquelle geschöpft; und solche Darstellungen gefielen den Menschen selbst in Zeiten, als Schönheit der höchste ästhetische Wert war. Damit sind wir wieder am Ausgangspunkt, nämlich bei der Tatsache, daß die spezifische positive Reaktionsform auf einen ästhetischen Gegenstand das Gefallen ist. Die Kunst selbst hat auch stets danach getrachtet, dem Publikum zu gefallen; hätte sie dies nicht getan, wäre sie längst aus ökonomischen Gründen abgestorben. Nur die Wissenschaft, die sich mit ihr befaßt, scheint sich für das Phänomen des Gefallens kaum mehr zu interessieren, obwohl es doch gerade das ist, was den ästhetischen Gegenstand von allen nichtästhetischen unterscheidet. Sollte dies womöglich daran liegen, daß etwas so Persönliches und Subjektives wie das ästhetische Lusterlebnis sich dem wissenschaftlichen Zugriff entzieht? Selbst wenn dem so wäre, müßte man doch zumindest die Frage stellen, weshalb bestimmte Kunstwerke mehr gefallen als andere, was also ihren besonderen ästhetischen Wert ausmacht. Diese Frage wollen wir nun zum Schluß im Hinblick auf die Lyrik aufwerfen.

Man wird sich wohl leicht darauf verständigen können, daß der Wert eines Gedichts nichts mit dem Gewicht und der Bedeutung seiner Aussage zu tun hat. Die große Masse aller Gedichte enthält nichts weiter als Meinungen und Gefühle, die jedermann vertraut sind und die man infolgedessen als Platitüden bezeichnen könnte. Gewiß gibt es Gedichte von Goethe, Hölderlin, Rilke und anderen, die so tiefsinnig sind, daß man sehr lange, vielleicht ein Leben lang darüber nachdenken kann, doch ist es nicht das, was sie am Leben erhalten hat; denn es gibt Bände von außerordentlich tiefsinniger Lyrik, die niemandem gefällt und darum vergessen ist. Umgekehrt wird sich ein Gedicht wie Mörikes »Septembermorgen« in den Anthologien halten, obwohl es nichts weiter ausdrückt als das, was wohl jeder Beobachter schon einmal empfunden hat, wenn er sah, wie eine Landschaft im Morgendunst langsam von der heraufsteigenden Sonne entschleiert wird. Was also ist der Grund des Vergnügens, das der Leser an einem Gedicht findet und das ihn veranlaßt, es immer und immer wieder zu lesen?

Um 1700 hätten die Kritiker in Europa auf diese Frage wohl noch mehr oder weniger einstimmig geantwortet: Der Grund liegt darin, daß das Gedicht nach den erprobten Regeln der Alten, also der Griechen und Römer, gemacht ist. Dichtung galt als Handwerk, das man lernen konnte, wenn auch der Lernerfolg im Einzelfall vom angeborenen Talent abhing. Hundert Jahre später wäre die Antwort ganz anders ausgefallen. Jetzt, auf dem Höhepunkt der Romantik, hätte man gesagt: Das Gedicht gefällt, weil es die originale, unverwechselbare Schöpfung eines vom göttlichen Funken inspirierten Genies ist. Weitere hundert Jahre später hätten die ersten wohlwollenden Leser Gottfried Benns 1912 beim Erscheinen von *Morgue* gesagt: Diese Gedichte gefallen, weil sie verlogene lyrische Klischees zerschlagen, weil sie unter die Haut gehen und authentisch sind. Ein halbes Jahrhundert später, als an Schulen und Universitäten die textnahe Werkinterpretation geübt wurde, erklärten die Lehrer ihren Schülern, das Kriterium eines guten Gedichts sei seine innere Stimmigkeit. Keines der genannten Kriterien kann erklären, weshalb das Gedicht ästhetische Lust hervorruft. Wenn der lustauslösende Reiz das Wesen des guten Gedichts ausmacht, dann muß seine Ursache in dem liegen, was das Gedicht von allen anderen nichtpoetischen Texten unterscheidet, also in der sprachlichen Formalisierung.

Von einem gelungenen Gedicht erwarten wir zunächst einmal vollständige Durchgeformtheit. Ein überstehender, formal nicht bewältigter Rest, ein stolperndes Metrum, eine ungrammatische Syntax, alles dies wird von uns als Kunstfehler empfunden, sofern es in keiner Beziehung zur Aussage steht. Gleichzeitig erwarten wir aber auch eine hohe semantische Dichte. Das Gedicht soll weder formal noch inhaltlich repetitiv sein. Einerseits soll es in seiner selbstgewählten Ordnung ohne Rest aufgehen, andererseits soll es innerhalb dieser Ordnung ein Höchstmaß an Vielfalt und Komplexität aufweisen, da wir auf eine allzu regelmäßige formale Ordnung mit Langeweile reagieren. Das Geheimnis großer Kunst scheint die goldene Mitte zwischen Ordnung und Komplexität zu sein. Schon die Ästhetiker des 18. Jahrhunderts haben dies immer wieder mit der Formel »Vielfalt in der Einheit« zu fassen versucht. Der englische Maler Hogarth schrieb ein Buch *The Analysis of Beauty*, in dem er die Sinuskurve, die er als *serpent line*, d. h. Schlangenlinie, bezeichnete, als Inbegriff der Schönheit, als *line of beauty*, beschrieb. Die Sinuskurve, deren trigonometrische Gesetzmäßigkeiten Hogarth gar nicht kannte, zeichnet sich gegenüber dem Kreis dadurch aus, daß sie zwar wie dieser an jedem Punkt eine andere Steigung hat, daß aber die Änderung der Steigung wiederum nach einer Sinusfunktion erfolgt, dem Kosinus. Wir haben es hier mit einem Musterbeispiel von Vielfalt in der Einheit zu tun. Ein anderes Beispiel ist der Goldene Schnitt, der schon bei den alten Griechen als die ästhetisch befriedigendste Teilung einer Strecke galt und dessen Proportionsgesetz sich überall in Architektur, Skulptur und Malerei nachweisen läßt. Ein Goldener Schnitt liegt vor, wenn eine Strecke so geteilt wird, daß sich die ganze Strecke zum größeren Teilstück wie das größere zum kleinen verhält. Klappt man nun aber das kleinere auf das größere um, so ist dieses wieder nach der gleichen Proportion geteilt und so fort. Im Goldenen Schnitt ist somit eine unendliche Wiederholung der ursprünglichen Proportion angelegt. Als drittes und letztes sei noch ein Beispiel aus der Musik genannt: die Obertonreihe. Alle Intervalle, die in der Harmonielehre der tonalen Musik eine Rolle spielen, sind bereits in den Obertönen jedes einzelnen natürlichen Tons angelegt; denn in jedem schwingt seine Oktave, Quinte, Quart, große Terz, kleine Terz usw. mit, so daß in jedem einzigen Ton die ganze Vielfalt musikalischer Harmonien gegenwärtig ist.

Wenn nun aber Vielfalt in der Einheit bzw. Komplexität in der Ordnung der Grund des Vergnügens an einem Kunstwerk ist, dann stellt sich die Frage, ob sich das Verhältnis der beiden Qualitäten nicht irgendwie messen läßt. Der amerikanische Mathematiker Birkhoff hat als erster versucht, den ästhetischen Wert zu quantifizieren, indem er das ästhetische Maß (M) als den Quotienten aus Ordnung (O) und Komplexität (C) definierte. Seine Formel lautet:

$$M = \frac{O}{C}$$

Obgleich die Vorstellung eines ausgewogenen Verhältnisses von Ordnung und Komplexität als Maß für den ästhetischen Wert zunächst eine gewisse Plausibilität hat, ist die Unhaltbarkeit der Formel leicht einzusehen; denn sie besagt ja, daß der ästhetische Wert sich proportional zur Ordnung und umgekehrt proportional zur Komplexität verhält. Von einem ausgewogenen Verhältnis, einer goldenen Mitte, kann keine Rede sein. Größte Ordnung bei geringster Komplexität ergäbe nach dieser Formel ein Höchstmaß an ästhetischer Wirkung, nach allgemeiner Lebenserfahrung aber ergibt es Langeweile. Birkhoffs Ansatz wurde von Max Bense und Rul Gunzenhäuser aufgegriffen und auf informationstheoretischer Basis zu einem mathematischen Kalkül weiterentwickelt. Auf die Ableitung dieses Kalküls müssen wir hier verzichten. Der Grundgedanke darin ist jedoch von genialer Einfachheit. Gunzenhäuser ersetzt in Birkhoffs Formel im Zähler des Bruchs die tatsächliche Ordnung durch den Ordnungsgewinn, der im Augenblick der ästhetischen Wahrnehmung eintritt. Der Betrachter eines Kunstwerks, bzw. der Leser eines Gedichts steht zunächst vor einer komplexen Vielfalt, deren Komplexität sich für ihn sogleich reduziert, sobald er die geheime Ordnung durchschaut hat. Die neue Formel lautet:

$$M = \frac{C_{(\text{vor Erkenntnis})} - C_{(\text{nach Erkenntnis})}}{C_{(\text{vor Erkenntnis})}}$$

Diese Formel wird dem tatsächlichen Vorgang der ästhetischen Wahrnehmung schon sehr viel eher gerecht als die von Birkhoff; denn sie besagt, daß der ästhetische Wert um so größer ist, je größer die Differenz zwischen Anfangskomplexität und Restkomplexität ist. Gunzenhäuser nennt diese Differenz »subjektive Redundanz«, weil informationstheoretisch Ordnung Redundanz bedeutet. Wenn wir auf Grund der erkannten Ordnung eines Systems das Eintreten eines bestimmten Zustands vorhersagen können, dann ist das tatsächliche Eintreten des Zustands redundant, d. h. überflüssig, da wir ja schon vorher wußten, daß er eintreten wird. Sein Eintreten hat für uns keinen Neuigkeitswert, es enthält keine Information. Die Komplexität des Anfangszustands, seine scheinbare Unordnung, bedeutet informationstheoretisch also seine Information. Das Erkennen der Ordnung ist in diesem Sinne eine Verminderung der Information des wahrgenommenen Zustands aus der Sicht des Erkennenden. Psychologisch könnte man diesen Erkenntnisvorgang als Informationsentnahme deuten. Damit hätten wir jetzt ein theoretisches Modell für die Erklärung des ästhetischen Lusterlebnisses. Wenn wir das zunächst noch sehr komplex erscheinende Kunstwerk zu erfassen versuchen, benötigen wir ein hohes Maß an psychischer Wahrnehmungsenergie. In dem Augenblick aber, in dem wir seine Ordnung durchschauen, also seine Information entnehmen und damit subjektiv für uns seine Komplexität drastisch senken, vermindert sich sogleich der erforderliche Aufwand an Wahrnehmungsenergie. Der freiwerdende Überschuß entlädt sich als ästhetische Lust, so wie sich beim Verstehen der Pointe eines Witzes der plötzliche Überschuß an psychischer Energie als Lachen entlädt. Nach unserem Modell wird die ästhetische Lust um so größer sein, je größer das Intervall zwischen Anfangskomplexität und Restkomplexität ist. Eine Vergrößerung dieses Intervalls ist auf zweierlei Weise möglich: zum einen durch vollständigere Durchformung des Gegenstands, wodurch die Restkomplexität vermindert wird, zum andern durch Erhöhung der Anfangskomplexität bei gleichbleibender Restkomplexität. Dies ist eine verblüffend plausible Erklärung dafür, daß sowohl höchst komplexe Kunstwerke wie die Gedichte Celans oder die Musik Schönbergs als auch sehr einfache, leicht faßliche Werke wie die Gedichte Eichendorffs oder Mozarts »Kleine Nachtmusik« ästhetisch befriedigen. Im zweiten Fall kommt die subjektive Redundanz mit der anschließenden lustvollen Freisetzung der überschüssigen Wahrnehmungsenergie dadurch zustande, daß wir an den Gegenstand zunächst mit der Erwartung einer durchschnittlichen Komplexität unseres mehr oder weniger ungeordneten Alltagslebens herangehen. Da der Gegenstand aber in so vollständig durchgeformter, unmittelbar faßlicher Gestalt vorliegt, daß er der Wahrnehmung keinerlei Widerstand entgegensetzt, erweist sich die bereitgestellte psychische Energie als überflüssig und entlädt sich als Lust.

Der zuletzt vorgeschlagene Erklärungsversuch berührt sich mit einem Gedanken, den schon Kant in seiner *Kritik der Urteilskraft* entwickelt hat. Seine Definition des ästhetischen Urteils läßt sich ungefähr so zusammenfassen: Schön ist, was ohne Hinzutun eines logischen Begriffs und ohne irgendein Interesse des sinnlichen oder sittlichen Begehrungsvermögens allein im Augenblick des Anschauens unmittelbar gefällt. Kant meinte, daß die Form eines schönen Gegenstands den Ordnungskategorien des Verstands so sehr entspreche, daß sie sich diesem gleichsam freiwillig unterwerfe, ohne von ihm unter das Joch eines Begriffs gezwungen werden zu müssen. In der Wahrnehmung des Schönen befänden sich die Sinneswahrnehmung und der begriffliche Verstand in so völliger Übereinstimmung, daß sich beide wie zwei Tänzer zu einem freien Spiel der Erkenntniskräfte verbänden. Auch wenn diese Beschreibung dem modernen Psychologen naiv erscheinen mag, läßt sich doch von hier eine Brücke zu unseren oben angestellten Überlegungen schlagen. Schöne Gegenstände scheinen wie Schlüssel in die Schlösser unserer Wahrnehmung zu passen. Der erforderliche Aufwand an psychischer Energie ist infolgedessen gering. Wir hatten ganz am Anfang einmal gesagt, daß das Gedicht eine kristalline Struktur habe. In der Chemie wird durch spontane Kristallisation eines vorher amorphen Stoffes Energie freigesetzt, weil die Atome, die sich vorher frei bewegten, plötzlich in eine feste Ordnung eingebunden werden, so daß die nicht mehr erforderliche Bewegungsenergie als Überschuß frei wird. Dieser Vorgang ist ein anschauliches Modell für das, was möglicherweise in unserem Gehirn bei der Wahrnehmung von etwas Schönem geschieht. Wäre nicht denkbar, daß es bei der Verarbeitung von Information auf ähnliche Weise verfährt, so daß beim Abspeichern eines schönen, d. h. vollständig durchgeformten, gleichsam kristallin gewordenen Gegenstands ein Überschuß an psychischer Energie frei wird, den wir als ästhetische Lust erleben?

Dem technisch versierten Leser wird schon an Gunzenhäusers Formel aufgefallen sein, daß sie exakt der physikalischen Formel für den Wirkungsgrad von Maschinen entspricht. Und in der Tat ist ja der ästhetische Reiz eines Kunstwerks nichts anderes als seine Wirkung. Bei einer Maschine ist der Wirkungsgrad um so größer, je mehr von der aufgenommenen Leistung sie wieder abgibt, d. h. je weniger Leistung sie durch Reibung oder andere Verluste für sich selbst verbraucht. Könnte man sich den Wirkungsgrad eines Kunstwerks nicht ähnlich vorstellen? Die in das Werk eingegangene Leistung ist die vom Künstler planvoll hergestellte Ordnung, die sich objektiv zunächst als Komplexität darstellt. Je mehr von dieser Komplexität wir als Ordnung durchschauen und dem Werk als Information entnehmen, um so größer ist die von ihm abgegebene Leistung und damit sein Wirkungsgrad. Der höchste theoretisch mögliche Wirkungsgrad einer Maschine hat den Wert eins. Er ist dann gegeben, wenn die aufgenommene Leistung ohne Verlust wieder abgegeben wird. Analog dazu läge im Kunstwerk der höchste Wirkungsgrad dann vor, wenn seine ganze Anfangskomplexität so vollständig in erkannte Ordnung umgesetzt wäre, daß keine Restkomplexität übrigbliebe. Man könnte diese Überlegung noch einen Schritt weitertreiben. Da die Komplexität eines Textes selbst dann, wenn sie vollständig auf erkannte Ordnung reduziert wird, nie unter die Restkomplexität einfachster Sprachmuster sinken kann, haben wir es hier mit einer Situation zu tun, die dem Wirkungsgrad von Wärmekraftmaschinen vergleichbar ist. Solche Maschinen, die ein Temperaturintervall ausnutzen, um Wärme in mechanische Arbeit umzuwandeln, könnten den theoretisch höchsten Wirkungsgrad eins nur dann erreichen, wenn die niedrigere Temperaturstufe unter dem absoluten Nullpunkt läge, was physikalisch unmöglich ist. Damit wären wir beim zweiten thermodynamischen Hauptsatz der Physik und bei dem schwierigen Begriff der Entropie, deren Formel nicht zufällig identisch ist mit dem informationstheoretischen Maß für die Information. Beide, Entropie und Information, sagen etwas über die Summe der Wahrscheinlichkeit bzw. Zufälligkeit aller Einzelzustände in einem geschlossenen System aus. Ein Text, dessen Buchstaben nacheinander ausgewürfelt werden, so daß für jedes Element die gleiche Zufallswahrscheinlichkeit besteht, hat informationstheoretisch die größtmögliche Information mit dem Wert eins. Er gleicht einem Gas in einem geschlossenen Gefäß, das bei gleichbleibender Temperatur den höchsten Entropiewert hat, da für den Zustand jedes einzelnen Atoms die gleiche Wahrscheinlichkeit besteht. Weil diese Information aber nicht auf eine erkennbare Ordnung reduziert und damit redundant gemacht werden kann, bleibt sie vollkommen wirkungslos, so wie bei gleichmäßiger Verteilung der Wärme in einem geschlossenen System keine Wärmekraftmaschine mehr funktionieren würde. Das System erliegt dem Wärmetod; und genauso erliegt der Zufallstext dem ästhetischen Wirkungstod.

An dieser Stelle wollen wir unseren spekulativen Denkanstoß abbrechen und an den Anfang zurückkehren, um die dort gemachte Grundannahme noch einmal in Frage zu stellen. Ist es wirklich sinnvoll und zulässig, dem Lusterlebnis bei der Wahrnehmung eines Kunstwerks so große Bedeutung beizumessen? Ist nicht der Nachvollzug der darin gestalteten menschlichen Erfahrung ungleich wichtiger? Als die erschütterndsten Beispiele solcher allgemeinmenschlichen Grunderfahrungen gelten gemeinhin die Werke der großen Tragiker. Aber gerade die Tragödie hat Aristoteles als die Nachahmung einer Handlung beschrieben, die durch Erregung von *phobos* (Schrecken) und *eleos* (Jammer) eine *katharsis* dieser Affekte bewirkt. Wir wissen heute, daß Aristoteles unter *katharsis* im medizinisch-physiologischen Sinne die lustvolle Abfuhr eines Affektstaus verstand. Durch *phobos* wird das Reizniveau des Zuschauers nach oben getrieben, und durch *eleos* wird es auf lustvoll orgastische Weise wieder abgesenkt, worauf der Zuschauer kathartisch befriedigt das Theater verläßt. So wird die weihevollste Literaturgattung vom ehrwürdigsten Ahnherrn literarischer Theorie als ein auf Lustgewinn hin angelegtes Unternehmen erklärt. Und doch werden wir zögern, die Kunst schlechthin als eine kulturell institutionalisierte Quelle hedonistischer Lust zu definieren; denn dann müßten wir den vordersten Rang in ihrem Bereich der Pornographie einräumen. Die scharfsinnigste Analyse des Phänomens hat auch hier Kant gegeben. Er hat überzeugend dargelegt, daß die Lust, auf die das Kunstwerk abzielt, etwas anderes ist als die physiologische Lust des Sinnengenusses einerseits und die moralische Lust am Guten andererseits. Von beiden unterscheidet sie sich durch ihre Interesselosigkeit. Sie ist frei von der physiologischen Determinierung unserer Triebausstattung, auf die z. B. die Pornographie spekuliert, und sie ist ebenso frei von unseren ethischen Normen, auf die die gutgemeinte Erbauungskunst abzielt, die in aller Regel Kitsch produziert. Das Schöne in der Kunst hat Schiller als »Freiheit in der Erscheinung« definiert. Diese aus Kantischem Geist stammende Definition ist wohl immer noch die zutreffendste allgemeine Beschreibung des Wesens der Kunst. Nichts unterscheidet den Menschen so sehr vom Tier wie seine Fähigkeit, sich selber frei in die Zukunft zu entwerfen, sich von sich selbst zu distanzieren, über sich selbst zu lachen und zu weinen und sich selbst in eine beliebige Wunschwelt hineinzuträumen. Die Kunst ist die Sphäre, in der der Mensch gänzlich frei ist von der Determinierung durch seine Natur und der Normierung durch die Moral. Darum ist der lustvolle Kunstgenuß kein platter Hedonismus, sondern die reinste, von allen Beimengungen befreite Erfahrung des Menschlichen schlechthin, nämlich die Erfahrung der nur dem Menschen eigenen Freiheit.

Statt eines Nachworts

mit Gruß an Morgenstern

Korf, wenn ihm der Hals verschleimt,
liest am liebsten, was sich reimt;
denn des Reimes Redundanz
senkt den Aufwand des Verstands.

Geisteskraft, die zum Verstehen
nicht gebraucht wird, geht in Wehen
durch die Glieder wie ein Kuß
und bewirkt den Kunstgenuß.

Doch als Korf bei Fachgelehrten
anfragt, wie sie dies erklärten,
waren selbige empört:
»Hat man so was schon gehört?

Wagt der Mensch sich zu erfrechen,
in der Kunst von Lust zu sprechen?
Kunst ist nichts, was amüsiert,
über Kunst wird promoviert!«

Korf, voll Wissenshunger, geht
an die Universität,
lernt dort in der Germanistik
Interpretationsartistik.

Dichtung ist, wie er erkennt,
metaphysisch-transzendent,
soziologisch relevant,
struktural signifikant.

Messerwerfend wie Artisten
definieren Linguisten
mit der Schärfe eines Dolches
das Gedicht schlechthin als solches.

Wörter sind fortan Sememe,
daraus bilden sich Texteme,
und aus Text um Text entsteht
Intertextualität.

Rekurrieren die Aktanten
wie bei einem Schiff die Spanten,
ist es fast schon Poesie
dank Partialisotopie.

Korf ist wie berauscht von diesen
bandwurmlangen Fachwortriesen,
und es wird ihm sonnenklar:
Nur was schwer ist, ist auch wahr.

Und so stemmt er jetzt Gedichte
wie der Heber die Gewichte
mit dem Stolz des Doktoranden.
Doch die Lust kam ihm abhanden.

Verfasser- und Quellenverzeichnis
der zitierten Texte

Auden, Wystan Hugh (1907–73)

Musée des Beaux Arts 100
Aus: Collected Shorter Poems 1927–1957. London: Faber 1966.

Brentano, Clemens (1778–1842)

Hör, es klagt die Flöte wieder 33
Aus: Werke. Hrsg. von F. Kemp. Bd. 1. München: Hanser 1963.

Bierbaum, Otto Julius (1865–1910)

Abendlied 90
Aus: Gesammelte Werke. Hrsg. von M. G. Conrad u. H. Branden-
berg. Bd. 1. München: G. Müller o. J.

Browning, Robert (1812–89)

After 30
Aus: The Poems. Hrsg. von J. Pettigrew. Bd. 1. New Haven: Yale
UP 1981.

Busse, Carl (1872–1918)

Ich möchte sterben... 91
Aus: Neuere deutsche Lyrik. Ausgew. u. hrsg. von C. Busse. Halle:
Hendel 1895.

Celan, Paul (1920–70)

Sprachgitter 151
Aus: Sprachgitter. Frankfurt a. M.: S. Fischer 1959.

Dehmel, Richard (1863–1920)

Manche Nacht 41
Aus: Gesammelte Werke. Bd. 2. Berlin: S. Fischer 1913. © Tim
Tügel, Hamburg.

Gomringer, Eugen (geb. 1925)

Aus: worte sind schatten. die konstellationen 1951–1968. Hrsg.
u. eingel. von H. Heißenbüttel. Reinbek bei Hamburg: Rowohlt
1969.

Góngora, Luis de (1561–1627)

Aus: Sonetos completos. Hrsg. von B. Ciplijauskaité. Madrid:
Clásicos Castalia 1969.

Grass, Günter (geb. 1927)

Aus: Deutsche Unsinnspoesie. Hrsg. von K. P. Dencker. Stuttgart:
Reclam 1978.

Gryphius, Andreas (1616–64)

Aus: Wir vergehn wie Rauch von starken Winden. Deutsche
Gedichte des 17. Jahrhunderts. Bd. 1. München: C. H. Beck 1985.

Gumppenberg, Hans von (1866–1928)

Aus: Das teutsche Dichterroß. In allen Gangarten vorgeritten von
Hans von Gumppenberg. 13. u. 14. erw. Aufl. München: Callwey
1929.

Heine, Heinrich (1797–1856)

Aus: Sämtliche Schriften. Hrsg. von K. Briegleb. Bd. 1 u. 4. München: Hanser 1976.

Hölderlin, Friedrich (1770–1843)

Aus: Sämtliche Werke. Kleine Stuttgarter Ausgabe. Hrsg. von F. Beißner. Bd. 1 u. 2. Stuttgart: Kohlhammer 1953.

Hofmann von Hofmannswaldau, Christian (1617–79)

Aus: Wir vergehn wie Rauch von starken Winden. Deutsche Gedichte des 17. Jahrhunderts. Bd. 2. München: C. H. Beck 1985.

Huchel, Peter (1903–81)

Aus: Ausgewählte Gedichte. Frankfurt a. M.: Suhrkamp 1973.

Keats, John (1795–1821)

Aus: The Complete Poems. Hrsg. von M. Allott. London: Longman 1970.

Klaj, Johann (1616–56)

Aus: Komm güldner Friede. Ausgewählte Lyrik des siebzehnten Jahrhunderts. Hrsg. von E. Ginsberg. Zürich: Artemis Verlag 1944.

Kleist, Heinrich von (1777–1811)

Aus: Sämtliche Werke und Briefe. Hrsg. von H. Sembdner. Bd. 2. München: Hanser 1965.

Klopstock, Friedrich Gottlieb (1724–1803)

Aus: Ausgewählte Werke. Hrsg. von K. A. Schleiden. München: Hanser 1962.

Lichtenstein, Alfred (1889–1914)

Aus: Gesammelte Gedichte. Zürich: Verlag der Arche 1962.

Meyer, Conrad Ferdinand (1825–98)

Aus: Sämtliche Werke. Hrsg. von H. Zeller u. A. Zäch. Bern: Benteli 1963.

Die vier anonymen Limericks Nr. 1, 2, 3 u. 5 (S. 67–69) finden sich
in älteren Fassungen in: The Complete Limerick Book. Hrsg. von
Langford Reed. London 1924. Die hier abgedruckten Fassungen
orientieren sich an der heute geläufigen mündlichen Überlieferung.

Alle Übersetzungen stammen, soweit nicht anders angegeben, vom
Verfasser.

Literaturempfehlungen

Zum Nachschlagen von Sachbegriffen

Gero von Wilpert: Sachwörterbuch der Literatur. Stutgart: Kröner
[7]1989.
(Vorzügliches einbändiges Sachwörterbuch mit guten Bibliographien zu allen wichtigen Begriffen.)
Metzler Literatur Lexikon. Begriffe und Definitionen. Hrsg. von
Günther u. Irmgard Schweikle. 2., überarb. Aufl. Stuttgart: Metzler 1990.
(Ebenfalls vorzüglich; berücksichtigt die moderne Literaturtheorie
stärker als Wilpert.)

Als Lernhilfe

Ivo Braak: Poetik in Stichworten. Literaturwissenschaftliche Grundbegriffe. Eine Einführung. Kiel: Hirt [6]1980.
(Sehr übersichtliche, didaktisch gut aufbereitete Darstellung des
literaturwissenschaftlichen Grundwissens.)

Zur Einführung in die Lyrik

a) Allgemeinverständlich

Walther Killy: Elemente der Lyrik. 2., durchges. Aufl. München: Beck
1972. München: Deutscher Taschenbuch Verlag 1983.

b) Stärker theoriebetont

Bernhard Asmuth: Aspekte der Lyrik. Mit einer Einführung in die
Verslehre. 7., erg. Aufl. Opladen: Westdeutscher Verlag 1984.
Dieter Lamping: Das lyrische Gedicht. Definitionen zur Theorie und
Geschichte der Gattung. Göttingen: Vandenhoeck & Ruprecht
1989.

Zur literaturwissenschaftlichen Interpretation

Wolfgang Kayser: Das sprachliche Kunstwerk. Eine Einführung in
die Literaturwissenschaft. Bern: Francke [19]1983.
(Ein »Klassiker«, wie die Auflagenzahl beweist; als Einführung in

die Literaturwissenschaft etwas veraltet, aber als Anleitung zum Verstehen von Literatur immer noch vorzüglich.)

Jürgen Schutte: Einführung in die Literaturinterpretation. Korr. Nachdr. der 1. Aufl. Stuttgart: Metzler 1990. (Sammlung Metzler 17.)

Anleitung zum Verstehen und Interpretieren von Lyrik

Hans-Werner Ludwig: Arbeitsbuch Lyrikanalyse. Tübingen: Narr [2]1981.
(Geht von modernen literaturtheoretischen Ansätzen aus.)

Günter Waldmann: Produktiver Umgang mit Lyrik. Eine systematische Einführung in die Lyrik, ihre produktive Erfahrung und ihr Schreiben. Für Schule (Sekundarstufe I und II) und Hochschule sowie zum Selbststudium. 2., korrigierte Aufl. Baltmannsweiler: Schneider 1992.

Zu Verslehre und Metrik

Wolfgang Kayser: Kleine deutsche Versschule. Bern: Francke [20]1980.
(Sehr klare Darstellung der Vers-, Strophen- und Gedichtformen mit vielen Beispielen.)

Gerhard Storz: Der Vers in der neueren deutschen Dichtung. Stuttgart: Reclam 1970.
(Etwas weniger anschaulich, dafür stärker literarhistorisch ausgerichtet als Kayser.)

Christian Wagenknecht: Deutsche Metrik. Eine historische Einführung. München: Beck 1981. (Beck'sche Elementarbücher.)

Leif Ludwig Albertsen: Neuere deutsche Metrik. Bern u. Frankfurt a. M.: Lang 1984. (Germanistische Lehrbuchsammlung 55 b.)

Zur poetischen Bildersprache

Walther Killy: Wandlungen des lyrischen Bildes. Göttingen: Vandenhoeck & Ruprecht [7]1978. (Kleine Vandenhoeck-Reihe 1022.)

Anselm Haverkamp (Hrsg.): Theorie der Metapher. Darmstadt: Wissenschaftliche Buchgesellschaft 1983. (Wege der Forschung 389.)

Gerhard Kurz: Metapher, Allegorie, Symbol. 3., bibliogr. erg. Aufl. Göttingen: Vandenhoeck & Ruprecht 1993. (Kleine Vandenhoeck-Reihe 1486.)

Zur sprachlichen Komik

Erwin Rotermund: Die Parodie in der modernen deutschen Lyrik. München: Eidos Verlag 1963.

Hermann Helmers: Lyrischer Humor. Strukturanalyse und Didaktik der komischen Versliteratur. Stuttgart: Klett 1971.

Winfried Freund: Die literarische Parodie. Stuttgart: Metzler 1981. (Sammlung Metzler 200.)

Klen: Schüttelreime selbst gemacht. Eine Einführung in die Theorie und Praxis des Schüttelreims. Hildesheim: Lax 1987.

Zum Problem der literarischen Wertung

Jochen Schulte-Sasse: Literarische Wertung. 2., völlig neu bearbeitete Aufl. Stuttgart: Metzler 1976. (Sammlung Metzler 98.)

Bernd Lenz u. Bernd Schulte-Middelich (Hrsg.): Beschreiben, Interpretieren, Werten. Das Wertungsproblem in der Literatur aus der Sicht unterschiedlicher Methoden. München: Fink 1982. (Münchner Universitätsschriften, Philosophische Fakultät 25.)

Interpretationsbeispiele

Die deutsche Lyrik. Form und Geschichte. 2 Bde. Hrsg. von Benno von Wiese. Düsseldorf: Bagel 1956. Neuaufl. o. J.

Gedichte und Interpretationen. [Hrsg. von versch. Fachgelehrten.] 6 Bde. Stuttgart: Reclam 1982–84.

Zur Lyrik der Moderne

Hugo Friedrich: Die Struktur der modernen Lyrik von der Mitte des neunzehnten bis zur Mitte des zwanzigsten Jahrhunderts. Erw. Neuaufl. Reinbek bei Hamburg: Rowohlt 1985. (rde 420.)
(Seit seinem ersten Erscheinen 1956 in rowohlts deutscher enzyklopädie ist dieses Buch die fundierteste und theoretisch anspruchsvollste Einführung in die moderne Lyrik geblieben.)

Dieter Lamping: Moderne Lyrik. Eine Einführung. Göttingen: Vandenhoeck & Ruprecht 1991. (Kleine Vandenhoeck-Reihe 1557.)

Zur Konkreten Poesie

Thomas Kopfermann: Konkrete Poesie. Bern u. Frankfurt a. M.: Lang
1981.

Zur Gegenwartslyrik

Was alles hat Platz in einem Gedicht? Hrsg. von Hans Bender u.
Michael Krüger. München: Hanser 1977.
(Enthält zahlreiche interessante Aussagen prominenter zeitgenös-
sischer Lyriker aus der Sicht des Autors.)

Zur literaturtheoretischen Vertiefung

René Wellek u. Austin Warren: Theorie der Literatur. (Original:
Theory of Literature. New York: Harcourt, Brace & Co. 1949.)
Frankfurt a. M.: Athenäum Verlag 1985.
(Ein »Klassiker«. Obwohl schon vor mehreren Jahrzehnten
erschienen und überwiegend auf die englischsprachige Literatur
bezogen, ist dies wohl immer noch die beste Einführung in den
Gesamtbereich der Literaturtheorie.)
Rolf Kloepfer u. Ursula Oomen: Sprachliche Konstituenten moder-
ner Dichtung. Entwurf einer deskriptiven Poetik. Bad Homburg:
Athenäum Verlag 1970.
(Am Beispiel der Lyrik Rimbauds.)
Rolf Kloepfer: Poetik und Linguistik. Semiotische Instrumente.
München: Fink 1975. (UTB 366.)
Jurij N. Tynjanov: Das Problem der Verssprache. Zur Semantik des
poetischen Textes. Aus dem Russischen übers., eingel. u. mit Regi-
stern vers. von Inge Paul. München: Fink 1977.

Zum informationstheoretischen Ansatz (vgl. Schlußkapitel)

Mathematik und Dichtung. Hrsg. von Helmut Kreuzer u. Rul Gunzenhäuser. München: Nymphenburger Verlagshandlung [4]1971.
(Die hier gesammelten, außerordentlich interessanten und stimulierenden Beiträge zu einer mathematisierten Poetik dürften zwar
wenig hilfreich für die Interpretation sein, doch sind sie ein heil-
ames Korrektiv für das oft allzu subjektive, impressionistische
den über Dichtung.)

Sachwortregister